SOS
NÄHMASCHINE

SONJA FRITZ

SOS NÄHMASCHINE

100 Hacks, Tipps & Tricks, die dir das Nähen leichter machen

EMF

EIN BUCH DER EDITION MICHAEL FISCHER

Inhalt

Vorwort

„Ich würde so gerne nähen können, aber ich habe echt zwei linke Hände."
Ich habe diesen Spruch schon so oft gehört. Schau doch mal genau hin: Zwei linke Hände? Nein, die hast du nicht! Um dieses „Zwei-linke-Hände-Ding" aus deinem Kopf zu verbannen, habe ich ein kleines Handbuch geschrieben. Du findest hier allerlei Tipps, die dich inspirieren sollen, mit dem schönsten Hobby der Welt zu beginnen oder es zu vertiefen. Es ist auch ein kleines Nachschlagewerk für alle, die bereits begeistert dabei sind und sich hier noch den einen oder anderen Kniff abschauen können.

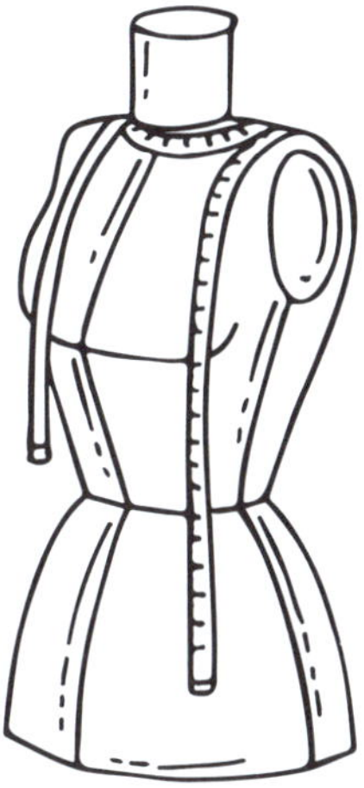

Trau dich und vertrau deinen Händen. Sie lassen dich nicht im Stich! Apropos Stich: Der Anfang von allem ist der erste Stich. Und aller Anfang ist nicht schwer! Leg los, hadere nicht mit dem, was du nicht kannst. Freu dich über das, was du kannst – und glaube mir, das ist viel mehr, als du dir zunächst denkst. Entdecke, was dir Spaß macht, denn nur darauf kommt es am Ende an.

Es klappt – Ehrenwort!

Deine 

Tipp

Gehe nicht zu perfektionistisch an das Ganze heran und du wirst sehen, mit einem kleinen Augenzwinkern geht alles viel einfacher. Das Nähen ist dein Hobby und soll Spaß machen.

So funktioniert das Buch

Angefangen wird am Anfang. Das heißt, das wir hier mit einer kleinen Helferleinkunde beginnen. Alles, was man für das schönste Hobby der Welt auf seinem kleinen Schneidertisch liegen haben sollte, wird hier kurz beschrieben.

Weiter geht's mit deiner oder bald deiner Nähmaschine: Kleine Tipps vom Kauf bis zur Pflege der Maschine. Und weil ohne Stoff gar nichts geht – ist ja klar, oder? –, gibt es eine klitzekleine Stoffkunde für Näh-Neulinge.

Was wir jetzt noch brauchen, sind Schnittmuster. Da gibt es sehr viele Varianten. Einen Fokus legen wir auf die Übertragung auf Schnittpapier und die Aufbewahrung deiner Lieblingsschnittmuster.

Wie man einen Faden in eine Nähnadel einfädelt, weiß bestimmt jeder. Wie es ein weniger einfacher geht, wird im Kapitel Techniken erklärt. Zwischendrin gibt's noch ein paar geniale Tipps, bevor wir mit drei kleinen Projekten das Buch beenden und dich in die wundervolle Nähwelt entlassen.

Das Drumherum

“

*Schere, Nadeln, Garn?
Reicht das nicht schon?
Ja, fast! Aber ein bisschen
mehr darf es schon sein.*

”

Nadeln, Nadeln und nochmal Nadeln

Ich glaub, ich steh im Nadelwald! Sie sind das A und O beim Nähen und dennoch werden sie häufig vernachlässigt. Schau doch mal, welche dieser Helferlein sich schon in deinem Besitz befinden und welche vielleicht noch in dein Nähkästchen einziehen sollten.

STECKNADELN: Und zwar viele davon! Am besten greifst du zu solchen mit Glasköpfchen, es gibt auch sehr schöne mit Herzchen, denn diese lassen sich am leichtesten greifen. Kopflose Stecknadeln aus Stahl haben den Vorteil, dass sie beim Steppen im Stoff belassen werden können.

STOFFKLAMMERN ODER WONDERCLIPS: Sie geben super Halt, ohne den Stoff zu beschädigen. Damit kann man auch richtig viele Stofflagen aufeinander klammern. Perfekt für Leder, Kunstleder, SnapPap, Wachstuch ... Wenn du gerade keine im Haus hast, kannst du dir auch mal mit Wäscheklammern behelfen.

NÄHNADELN: Immer wieder muss man mal etwas mit der Hand nähen. Dazu benötigst du Handnähnadeln in verschieden Längen und Stärken. Es gibt auch solche mit schönen Ösen.

SICHERHEITSNADELN solltest du in allen Größen zur Hand haben!

EIN NADELEINFÄDLER: Mit diesem kleinen Helferlein kannst du superschnell alle Nadeln, auch die deiner Nähmaschine einfädeln.

EIN PASSENDER FINGERHUT ist immer gut. Vor allem, wenn du dicke Stoffe erstmal von Hand heften willst.

Tipp

Gut gesteckt ist halb genäht! Stecke die Nadeln im 90°-Winkel zur Kante. Rechtshänder mit dem Köpfchen nach rechts – Linkshänder mit dem Köpfchen nach links ... logisch, oder?

Tipp

NADELKISSEN–SAMMELTASSE

MATERIAL:

- Sammeltasse
- Stahlwolle
- Stoffreste
- Doppelseitiges Klebeband
- Reste von Bändern etc.

SO GEHT´S

Lege die Stahlwolle in die Tasse, diese sollte zu ⅔ gefüllt sein. Überziehe das Ganze mit einem schönen Stoff, indem du diesen mit doppelseitgem Klebeband an der Tasse befestigst. Verziere den Stoff nach Geschmack mit Bändern. Nun kannst du deine Steck- und Handnähnadeln praktisch in der kleinen Tasse sammeln. Durch die Stahlwolle bleiben die Nadeln zudem schön scharf und spitz.

Scheren und alles, was schneidet

Es klingt banal, aber halte dein Schneidewerkzeug in Ehren! Es gibt nichts Ärgerlicheres als stumpfe Stoffscheren oder nicht auffindbare Nahttrenner. Ohne sie geht es bei missglückten Nähten nicht weiter oder sogar erst gar nicht los!

IN DEIN NÄHKÄSTCHEN GEHÖREN:

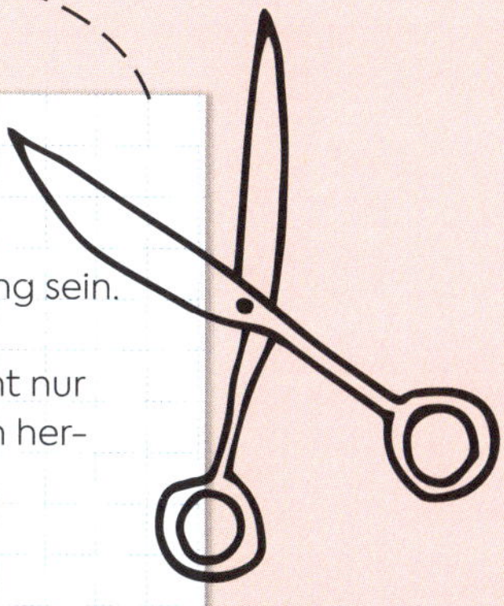

- [ ] Stoffschere: Sie sollte ungefähr 21cm lang sein.
- [ ] Stickschere: Die Storchscheren sind nicht nur wunderschön, sondern eignen sich auch hervorragend, um Fäden abzuschneiden.

Tipp

Bei diesen beiden Scheren gilt: NIEMALS IN PAPIER SCHNEIDEN! Am besten kennzeichnest du sie mit einem Band oder Aufkleber als Stoffscheren.

- [ ] Papier- oder Bastelschere für den Zuschnitt von Schnittmustern. Diese darf auch mal zweckentfremdet werden.
- [ ] Nahttrenner: Unverzichtbar! Trennungen kommen schließlich in den besten Nähfamilien vor – manchmal muss man aber auch nur rasch ein Knopfloch aufschneiden.
- [ ] Zackenschere (optional): Sie ist perfekt, um Nahtzugaben zurückzuschneiden, wenn keine Overlockmaschine im Haus ist.
- [ ] Fadenabschneider: Nice to have, aber nicht unbedingt notwendig.

Tipp

Stumpfe Scheren kannst du ganz einfach wieder schärfen, indem du ein paar Mal durch Alufolie schneidest!

Das passende Garn – garnicht so schwierig

Wie bei allen Zutaten und Materialien gilt auch beim Nähgarn: Greife nicht auf die billigste Ware zurück und vermeide es möglichst, Garne zu verwenden, die schon Jahrzehnte bei Oma im Nähkörbchen schlummern. Solche sind oft brüchig und bringen dich und deine Nähmaschine zum Verzweifeln.

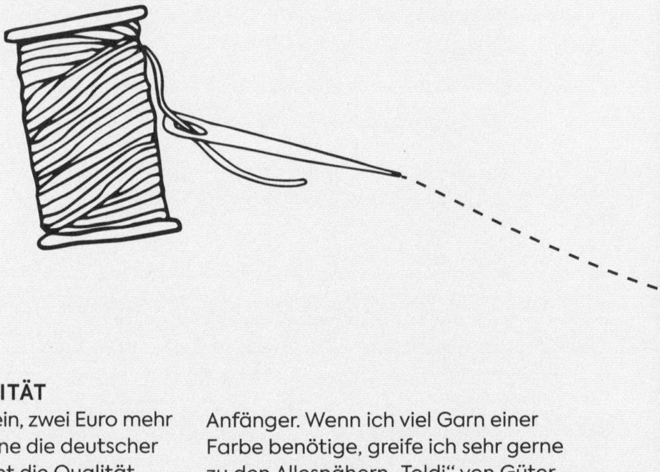

SETZE AUF QUALITÄT

Ich investiere gerne ein, zwei Euro mehr in Markengarne, gerne die deutscher Hersteller. Hier stimmt die Qualität und das Preis-Leistungs-Verhältnis! Es gibt eine riesige Farbauswahl und man kann zwischen verschiedenen Spulengrößen wählen. Bei einigen Herstellern gibt es auch tolle Sets für Anfänger. Wenn ich viel Garn einer Farbe benötige, greife ich sehr gerne zu den Allesnähern „Toldi“ von Gütermann. Diese Spulen bringen für kleines Geld gleich 500 m Faden mit. Vorausschauend einige Spulen in Schwarz und Weiß auf Vorrat zu haben, ist auf jeden Fall eine gute Idee.

Tipp

Obwohl Garnhersteller alle Farben des Regenbogens bedienen, kommt es vor, dass Stoff und Garn nicht zu 100% aufeinander abgestimmt werden können. Wähle in diesem Fall das Garn lieber ein bisschen dunkler. Das fällt weniger auf!

Augenmaß ist gut – Maßband ist besser

Kennst du das? Du stehst im Möbelhaus vor dem idealen kleinen Regal, das perfekt in die Nische zwischen Sofa und Fensterbank passen würde? Das passt bestimmt! Zu Hause mit dem neuen Schätzchen angekommen ist das Regal dann doch 2cm zu breit. Ein typischer Fall für einmal zu wenig nachgemessen und falsch geschätzt! Nimm dir auch bei den Nähprojekten Zeit zum richtigen Ausmessen! Welche Werkzeuge dazu auf deinem Schneidertisch nicht fehlen sollten, zeige ich dir hier:

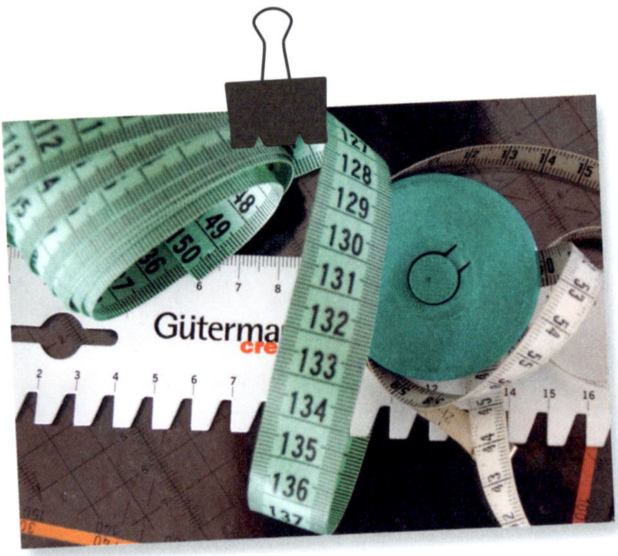

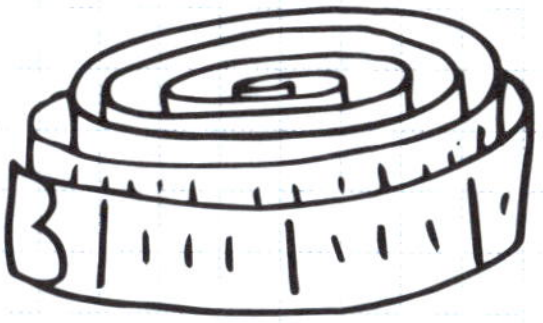

Tipp

Ein Rollmaßband ist mega-praktisch und mein ständiger Begleiter in meiner Handtasche. Man weiß ja nie, auf welchen Stoff man zufällig trifft!

IN DEIN NÄHKÄSTCHEN GEHÖREN:

- [ ] Maßband: Für das Ausmessen von Stoffteilen, Säumen, Schnittmusterteilen und natürlich deiner Körpermaße ist es unentbehrlich. Hänge es dir um den Hals und du wirst dich gleich wie eine professionelle Schneiderin fühlen.

- [ ] Handmaß: Das Handmaß ist ein absolutes Supertool: Zum „Mal-kurz-Nachmessen", wenn der Stoff schon unter der Maschine liegt, für die Einteilung von Knopflöchern, natürlich zum Einzeichnen von Nahtzugaben, und falls du mal kein Geodreieck zur Hand hast, kannst du damit auch einen rechten Winkel konstruieren.

- [ ] Patchwork-Lineal: Zugegeben, ein solches Lineal brauchst du als absoluter Anfänger nicht. Ich kann aber schon lange nicht mehr ohne! Standardmäßig hat es eine Abmessung von 15 x 60 cm und dient mir als Winkelhilfe. Du kannst Abnäher, längere Saumlinien und Nahtzugaben perfekt einzeichnen. Zum Schnitte-Zeichnen ist es unersetzbar.

- [ ] Geodreieck: Ein kleineres mit 16 cm sollte auch nicht fehlen. Du hast die gleichen Funktionen wie beim Lineal, aber manchmal ist das doch zu lang und mit dem Geodreieck kannst du geschickter Nahtzugaben an kleinere Schnittteile oder Rundungen zeichnen.

Das Nährevier markieren

Hier eine kleine Auswahl, wie du Markierungen auf die Stoffe bringst. Wir malen da aber nicht drauf rum, sondern halten unser Gestrichel so gering wie möglich!

KLASSISCHE SCHNEIDERKREIDE:
Kreide liegt bei mir immer auf dem Tisch, denn man kann sie für jeden Stoff benutzen. Auch wenn sich Kreide generell gut ausbürsten lässt, solltest du immer auf der linken Stoffseite vorzeichnen. Besonders bei farbiger Kreide die Stoffverträglichkeit unbedingt an einem kleinen Stoffstück ausprobieren. Oft lässt sich diese nicht ganz ausbürsten oder schlägt durch!

Tipp

Leider zerbricht Kreide leicht, wenn sie herunterfällt. Aber verzage nicht, denn du kannst die kleinen Stücke gut mit einem Sparschäler „anspitzen" (siehe S. 23).

Tipp

Falls du mal keine Kreide zur Hand hast, kannst du auch ein Stückchen Kernseife nehmen. Auch hier gilt: Zeichne nur auf die rechte Stoffseite, wenn der Stoff später gewaschen werden kann.

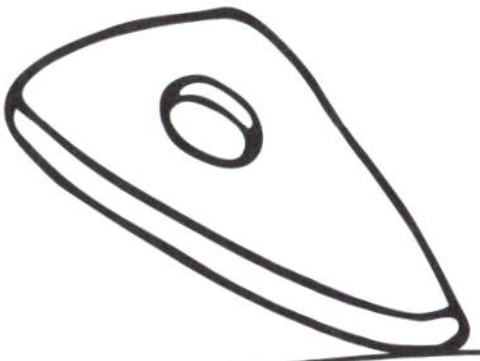

KREIDEROLLER:
Eine fantastische Erfindung! Er eignet sich sehr gut, um auf sämtlichen glatten Stoffen Nahtzugaben anzuzeichnen, da die Striche sehr dünn werden. Zudem lässt sich das Pulver leicht aus dem Stoff klopfen. Nachfüllpulver gibt es auch in verschiedenen Farben. Auch hier immer erst ausprobieren, wie es wieder aus dem Stoff zu entfernen ist.

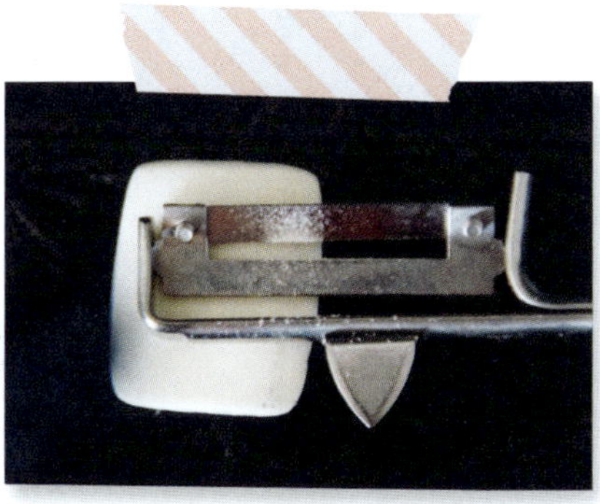

TRICKMARKER:
Diese Zauberstifte gibt es in weiß und lila. Das Tollste an ihnen ist, dass die Markierungen nach 48 Stunden wieder ganz von selbst von deinem Stoff verschwinden. Ich möchte ihn nicht missen, um feine Linien auf der rechten Stoffseite zu zeichnen.

SCHNEIDERKREIDESTIFT:
Mein neuster Begleiter! Er funktioniert wie ein Druckbleistift, enthält jedoch eine Miene aus Schneiderkreide. Diese sind in verschiedenen Farben erhältlich. Vorteil: Man kann schöne dünne Striche zeichnen und die Kreide zerbricht nicht so schnell!

Gut gebügelt ist halb genäht

Diese alte Schneiderweisheit ist dir bestimmt schon das eine oder andere Mal begegnet. Und wie in so vielen Dingen haben die alten Meister natürlich Recht. Es soll nicht nur zum Schluss alles schön glattgebügelt werden. Nein! Auch ich bügle jede einzelne Naht vor der Weiterverarbeitung. Einen Saum z.B. bügle ich immer erst auf die gewünschte Höhe, stecke ihn fest und setze mich erst dann an die Nähmaschine. Das hört sich für dich sehr nach Bügelwahn an? Glaube mir, alles geht leichter und sieht schöner aus, wenn es vorher gebügelt wird.

DIE IDEALE AUSSTATTUNG FÜR FALTENFREIE NÄHPROJEKTE:

- Verwende ein Dampfbügeleisen. Es geht einfach einfacher. Es muss für den Anfang keine teure Bügelstation sein. Achte darauf, dass man den Dampf notfalls ausstellen kann, denn manche Stoffe oder Einlagen vertragen das Dampfbad nicht.
- Für kleine Bügelarbeiten am Tisch ist ein Mini-Bügeleisen ideal. Das darf auch gerne mit in den Urlaub.
- Früher oder später solltest du dich nach einem ordentlichen Bügelbrett mit Ärmelbrett umsehen. Beziehst du sie mit deinem Lieblingsstoff, werden sie im Nu zum dekorativen Hingucker!

AUF DIE TEMPERATUR KOMMT ES AN:

Bei all dem Bügelenthusiasmus solltest du darauf achten, dass die Temperatur dem Stoff angepasst ist. Im besten Fall befindet sich an deinem Stoff ein Pflegeetikett (siehe S. 51), das genau beschreibt, wie du den Stoff bearbeiten darfst. Sonst bügle das Stöffchen einfach so schonend wie möglich oder probiere die Temperatur an kleinen Stoffresten aus.

Die Mimöschen unter den Stoffen solltest du so kalt wie möglich bügeln. Zu ihnen gehören Chemiefasern, feine Wollstoffe und auch die feine, hochwertige Seide. Für Leder, beschichtete Stoffe und Wachstuch gilt: Finger weg vom Bügeleisen!

Baumwolle und Mischungen (z.B. mit Polyester) sind schon etwas stabiler. Sie dürfen schon auf Stufe 2 geplättet werden. Das sind dann immerhin schon etwa 150 °C und hier kannst du auch ein bisschen Dampf dazugeben.

Manche mögen's richtig heiß! Zu solchen Stoffen gehören Jeans, Leinen und sehr robuste Mischgewebe. Hier darfst du dann auch mit richtig viel Dampf rangehen.

AUF EINEN BLICK:

Diese Textilien dürfen nicht gebügelt werden (v.a. Leder, beschichtete Stoffe, Wachstuch).

Chemiefasern wie Nylon, Acetat und Acryl oder auch dünne Wollstoffe dürfen nur bei geringer Hitze (bis max. 110 °C) gebügelt werden.

Unempfindliche Textilien aus Baumwolle oder Polyester halten heiße Bügelstufen (bis 150 °C) aus.

Robuste Baumwoll- und Leinenstoffe (z.B. Bettwäsche) glättet man am besten auf höchster Stufe (bis 200 °C).

Tipp

Um Stoff und Nähte so wenig wie möglich zu strapazieren, bügle möglichst mit niedrigen Temperaturen. Um den sogenannten Bügelglanz zu vermeiden, kannst du auf Bügelschutztücher zurückgreifen.

Das klitzekleine Bügeleisen hat richtig Dampf. Es nimmt kaum Platz auf dem Schneidertisch weg und so kannst du kleine Nähte, Ecken und Säume rasch zwischendurch ausbügeln. Die große Schwester muss natürlich trotzdem ihre Dienste leisten und kann nicht in Rente. Beim Aufbügeln von Einlage z.B. ist ein Großes echt von Vorteil.

Weitere Helferlein

Das sind drei wichtige Dinge in einem Schneiderleben.

PAPIER:
Ich benutzte gerne dünnes Transparentpapier, um Mehrgrößenschnitte (z.B. aus Nähzeitschriften und Büchern) herauszukopieren. Das gibt es auf Rollen mit 50 m und man sieht einfach super durch. Von Kopierfolien nehme ich Abstand, einfach der Umwelt zuliebe.

Um eigene Schnitte zu zeichnen, nehme ich die Zeichenpapierrolle „MALA" vom schwedischen Möbelhaus. Das Papier ist stabil und man kann sich die gewünschte Länge umproblematisch abschneiden.

BLEISTIFTE:
In H sowie HB zum Einzeichnen von Nahtzugaben, Schnittanpassungen und Beschriftungen.

NOTIZBUCH:
Warum ein Notizbuch? – Weil du alles darin notieren kannst. Angefangen von deiner Maßtabelle, deinen Ideen, Zeichnungen. Du kannst über Stoffmuster einkleben sowie Fotos von vergangenen und zukünftigen Projekten dazulegen, Zeitungsausschnitte mit wichtigen Adressen von Shops, inspirierende Bilder aus Journalen ... und schon hast du ein Sketchbook, das du nicht mehr missen willst und in dem du oft und gerne blätterst.

Die Nähmaschine

Wer die Nadel
nicht ehrt, ist
der Nähmaschine
nicht wert.

Die Nähmaschine – deine neue beste Freundin

Neue Nähmaschine? Aber welche? Es gibt Unmengen an tollen Geräten, die alles können, meist leider zu viel! Deshalb mein Tipp: Bevor viel Geld in eine Maschine investiert wird, leih dir eine Nähmaschine aus oder kauf erstmal eine gebrauchte! Geh am besten in ein Fachgeschäft, lass dich beraten und probiere sie vor Ort aus. Dort wird dir auch immer geholfen, wenn du Fragen hast oder wenn das Maschinchen mal zickt! (Da hilft manchmal auch gut zureden, reinigen und streicheln.) Für den Anfang empfehle ich dir eine mechanische Maschine, die sehr einfach zu bedienen ist. Ich nähe am liebsten auf meiner 25 Jahre alten Husqvarna, die mich noch nie im Stich gelassen hat, und auf einer fast 60 Jahre alten Singer, die das schönste Maschinengeräusch der Welt hat!

Tipp

Hör dir den Sound der Maschine an, du wirst ihn oft und lange hören! Er muss dir gefallen und darf nicht zu laut sein. Er wird dein ständiger Soundtrack deiner zukünftigen Projekte sein.

DIE RICHTIGE NÄHMASCHINE

Zusammen mit meinem Nähstammtisch habe ich dir eine kleine Checkliste zusammengestellt, damit du dich in den Tiefen des Nähmaschinenhandels ein bisschen besser zurechtfindest. Favorisierte Hersteller haben wir übrigens nicht. Oder besser gesagt: Jeder hat seine eigenen Vorlieben. Oft haben die Nähmaschinen im selben Preisgefüge auch die gleiche Ausstattung und sind auch von der Handhabung ähnlich. Dann entscheidet das Designerherz natürlich nach der Optik. Wem es zu viel rosa ist, wechselt dann halt auf den Hersteller, der das Design eher blau hält.

Checkliste für den Nähmaschinenkauf

DAS ÄUSSERE:

- Größe
- Gewicht
- Freiarm
- Metallgehäuse
- Beleuchtung
- Größe des Stoffdurchlasses

BEDIENUNG:

- Intuitiv
- Füßchen leicht wechselbar
- Kniehebel
- Einfache Stichwahl?
- Computergesteuert
- Hilfe bei Störungen
- manuell?

BETRIEB:

- Rückwärtsnähen möglich
- Nadelposition frei wählbar
- Automatisches Vernähen
- Einstellbare Geschwindigkeit
- Unterfadenwechsel bei eingefädeltem Oberfaden möglich?
- Automatische Stofferkennung für Druck/Fadenspannung
- Füßchendruck manuell
- Fadenabschneider
- Nadeleinfädler
- Obertransport
- Lautstärke

VERARBEITUNG:

- Knopflöcher – Wie viele verschiedene?
- Wie kompliziert ist das Knopflochnähen?
- Welche Stoffarten können verarbeitet werden?
- Variabler Zickzackstich
- Kerzengerader Geradeauslauf
- Zierstiche
- Overlockstich

ZUBEHÖR: WAS IST DABEI – WAS MUSS ICH DAZUKAUFEN?

- Werkzeuge
- Spulen
- Kantenfuß
- Reißverschlussfuß
- Paspelfuß
- Teflonfuß

SONSTIGES:

- Händler mit Werkstatt
- Preis

Das Garn im Nähmaschinen-Labyrinth – Richtig einfädeln!

Je nach Maschine weicht der Einfädel-Weg von dieser Zeichnung natürlich ab. Häufig weisen dir kleine Pfeile auf der Maschine selbst den Weg zum Ziel.

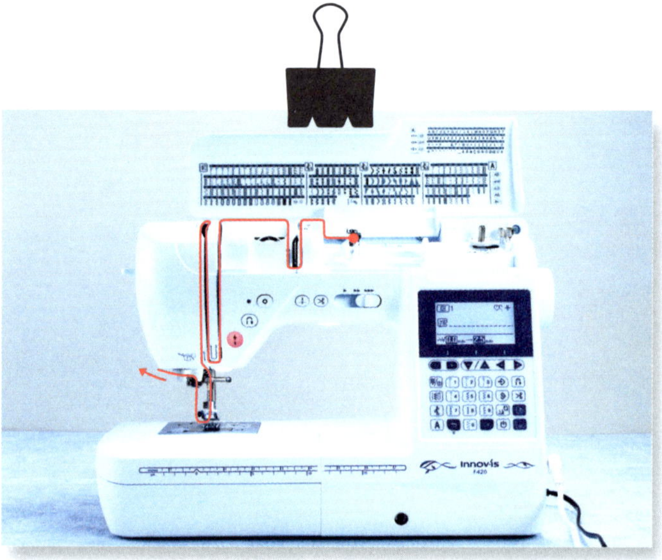

Tipp

Wenn du den Faden endlich richtig eingefädelt hast, dann ziehe ihn für einen Garnwechsel nicht einfach wieder heraus, sondern schneide ihn an der Garnrolle ab und knote dein nächstes Garn an. Stelle dein Nähfüßchen nach oben und ziehe das neue Garn einfach durch.

Nähmaschinen-SOS

... falls deine Nähmaschine mal zickt:

- [ ] Hat der Oberfaden seinen Weg auch richtig durch die Einfädelpunkte gefunden?
- [ ] Hat sich die Fadenrolle in ihrer Haltung verheddert?
- [ ] Ist der Faden neu oder aus Omas Nähkästchen?
- [ ] Ist die passende Unterfadenspule in der Nähmaschine?
- [ ] Ist überhaupt ein Unterfaden in der Nähmaschine?
- [ ] Ist die Spule richtig herum eingesetzt?
- [ ] Ist die Nadel vielleicht stumpf oder gar verbogen?
- [ ] Stimmt die Fadenspannung?
- [ ] Sind eventuell Fadenreste oder zu viel Staub unter der Stichplatte?
- [ ] Hängen Fadenreste im Transporteur fest?
- [ ] Ist die Nähmaschine eingesteckt und steckt auch der Stecker fürs Pedal in der Maschine?
- [ ] Ist der Nähfuß unten?
- [ ] Ist die Maschine geölt und gereinigt worden?

Porentiefe Reinigung für die Nähmaschine

Nicht, dass du denkst, du musst jetzt einen ganzen Tag für die Reinigung deiner Nähmaschine einplanen ... nein! Und du musst auch nicht nach jedem noch so kleinen Werkstück die Maschine zerlegen und mikroskopisch penibel reinigen. Dennoch solltest du hin und wieder daran denken, sie von Flusen zu befreien und bei Bedarf auch mal vorsichtig zu ölen. Aber bitte nur an den dafür vorgesehenen Stellen und auch nicht im Überfluss. Ist ja kein Salat – deine Maschine.

MATERIAL:

- Stoffrest
- Wattestäbchen
- Weicher Pinsel
- Luftballonpumpe oder Tischstaubsauger
- Maschinenöl

SO GEHT'S:
Zuerst entfernst du alles, was an der Nähmaschine nicht niet- und nagelfest ist. Das sind Zubehörteile wie Nähfuß, Spule, Garn, und auch die Nadel nimmst du am besten heraus. Dann schraubst du die Stichplatte oben ab. Dann pinselst du von oben einmal kreuz und quer ins Innenleben deiner Maschine. Danach zwei drei

heftige Stöße aus der Luftpumpe und schon fliegt dir der Staub um die Ohren. Du kannst aber genau das vermeiden, indem du den kleinen Staubsauger zur Hand nimmst.

Jetzt geht's an den Spulenbereich. Die Kapsel hast du schon entfernt. Nimm den Pinsel und pinsle die Kapselhalterung in alle Richtungen aus. Fortgeschrittene können sich schon daran wagen, das Greifersystem zu zerlegen und mit dem kleinen Stoffrest zu reinigen. Traust du dir das nicht zu, fahre mit einem Wattestäbchen vorsichtig etwas in dem System herum.

Sei sehr sparsam mit dem Öl. Wenn du einmal im Jahr eine kleine Inspektion machen lässt, reicht es, die Maschine dann vom Profi ölen zu lassen.

Gib sonst einen kleinen Tropfen Öl auf ein Wattestäbchen und streichle damit das Greifersytem. Es gilt: weniger ist mehr. Verwendest du zu viel Öl, hast du später Flecken auf deinem Stoff.

Alles wieder sauber? Dann alles wieder rückwärts zusammensetzen: Unterfadenspule in die Spulenkapsel – ganz klar frisch aufgespult! Stichplatte wieder aufsetzen. Eine neue Nadel eingesetzt – frisch eingefädelt und los geht's mit dem nächsten Nähprojekt.

Tipp

Öle niemals eine elektronisch gesteuerte Nähmaschine – das könnte ihr Ende bedeuten!

HINWEIS:
Wenn du wirklich viel und regelmäßig nähst, ist es empfehlenswert, die Maschine hin und wieder zum Händler zur Wartung zu bringen. Er macht eine kleine Inspektion für dich und schon kannst du wieder beruhigt weiter nähen. So kann es auch nicht passieren, dass du deine Maschine mit Öl überschwemmst oder gar ein 1000-Teile-Puzzle aus ihr machst.

Nähmaschinennadeln – Ein Buch mit vielen Siegeln

Es gibt unzählig viele verschiedene Nadeln – aber ganz ehrlich ... es reichen Universalnadeln in zwei Stärken. Wenn du später einmal Jersey verwendest, dann kauf noch ein Päckchen Jersey- bzw. Stretch-Nadeln. Alles andere nur, wenn du dich wirklich auf bestimmte Dinge spezialisieren oder sie häufig verwenden willst, wie z.B. Leder oder Seidenchiffon. Während es für Leder extra Ledernadeln gibt, nähst du feine Materialien statt mit der universellen 80er-Nadel besser mit der feineren 60er-Nadel.

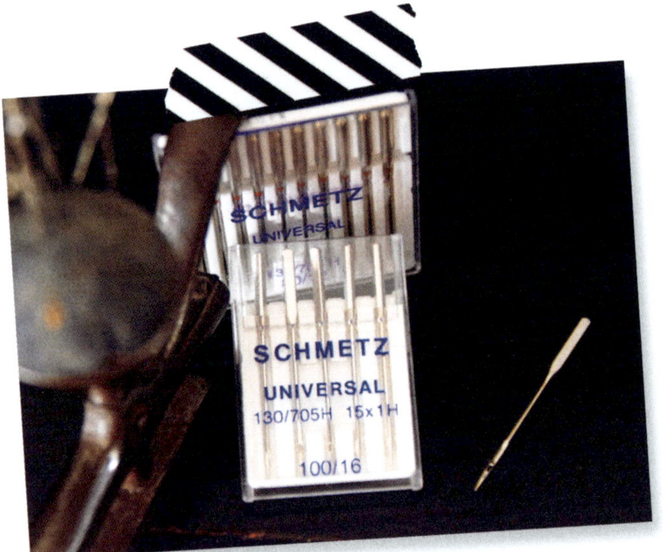

ANATOMIE EINER NÄHMASCHINENNADEL:

Kolben: Haushaltsnähmaschinen-Nadeln haben auf der Rückseite einen flachen Kolben.

Schaft: Die Nadelgröße entspricht dem Durchmesser des Schaftes.

Nadelöhr: Das Loch in der Nadel, durch das der Faden eingefädelt wird.

Nadelspitze: Wie es das Wort schon sagt – es ist die Spitze und im besten Fall spitz. Außer bei Jersey-Nadeln: Diese sind abgerundet, um das Gewebe nicht zu beschädigen.

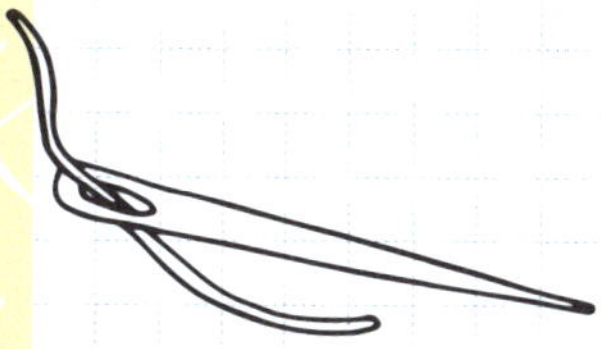

Tipp

Nadeln zu wechseln ist kein Hexenwerk! Du drehst die kleine Schraube über der Nadelklemme deiner Nähmaschine auf. Die Nadel fällt dir dann schon entgegen. Setz die neue Nadel einfach genauso wieder ein, schieb sie nach oben, bis du einen Widerstand spürst, und dann drehe die Schraube wieder zu. Fertig! Ein kleines Stück Stoff unter dem Nähfuß verhindert, dass dir die Nadel aus Versehen durch das Stichplattenloch in die Tiefen der Nähmaschine entschwindet.

SIEGEL-KUNDE

Habt ihr euch auch schon mal gefragt, was die bunten Ringe auf den Maschinennadeln bedeuten sollen? Damit auch wir Laien die verschiedenen Nadeln voneinander unterscheiden können, kennzeichnen die Nadelhersteller diese mithilfe eines Farbsystems. Zwei bunte Striche auf dem Kolben geben Auskunft über die Nadelart und die Nadelstärke. Zwar benötigt man nach wie vor eine Lupe, aber erste Anhaltspunkte kann man schon auf einen Blick erkennen.

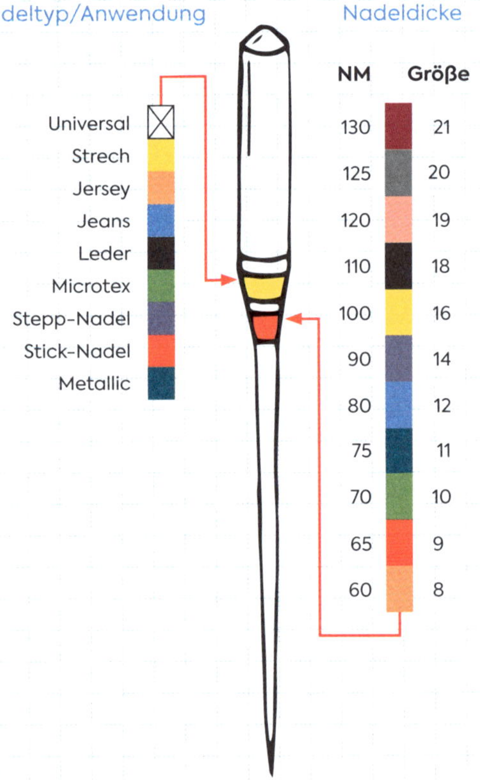

Stich für Stich zur fertigen Naht

Es gibt eine fast unüberschaubare Vielfalt von Stichen, einige davon sind universal verwendbar, andere wurden speziell für bestimmte Techniken oder Stoffarten konzipiert. Eine Übersicht über alle Stiche, die deine Maschine drauf hat, findest du in deiner Gebrauchsanweisung. Die wichtigsten Stiche zeige ich dir gerne hier.

GERADSTICH/STEPPSTICH

Er ist DER Stich überhaupt. Weil wir alles mit diesem Stich zusammennähen, heißt das im Fachjargon auch häufig „absteppen". Beim Steppstich verlaufen die einzelnen Stiche kerzengerade hintereinander weg.

Einstellung:

Das Einzige, das man hier eventuell noch einstellt, ist die Stichlänge. Die Grundeinstellung liegt in Bezug auf die Länge bei 2–3 mm und bei der Fadenspannung zwischen 3 und 4.

ZICKZACKSTICH

Nach dem Steppstich der am häufigsten verwendete Stich. Er wird für Nahtversäuberungen benutzt. Es können aber durchaus schöne Muster mit dem Zickzackstich genäht werden. Da ist der Fantasie keine Grenze gesetzt. Durch seine verschiedenen Breiten- und Längeneinstellungen lassen sich super elastische Stoffe verarbeiten.

Einstellung:

Stichbreite: Stelle bei stark ausfransenden Stoffen den Stich am besten etwas breiter ein, ca. auf 4–6 mm. Rollt sich der Stoff dann zu stark ein, verschmälere den Zickzackstich nach und nach etwas.

Stichlänge: Bei dankbaren, also bei nicht oder wenig fransenden Stoffen, muss der Stich nicht so dicht eingestellt werden. Hier ist die Dichte auch gleichzeitig die Länge des Stiches.

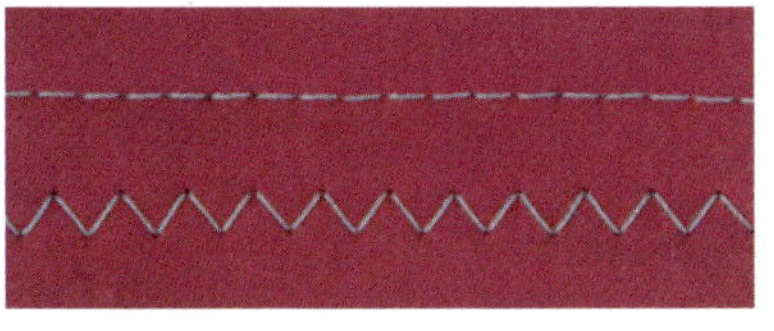

Tipp

Je länger der Stich, desto lockerer die Naht. Das bedeutet, dass du alles, das besser halten soll, lieber mit einer etwas kürzeren Stichlänge nähst.

Weitere nützliche und wichtige Sticharten

STICH	BEZEICHNUNG	WOFÜR VERWENDE ICH DIESEN STICH
	Geradstich	Zum Zusammennähen und Absteppen.
	Stretch-Dreifach-Geradstich	Für extra haltbare Nähte und zum Absteppen.
	Heftstich	Zum provisorischen Zusammenheften von Projekten. Einzelstich zum Heften. Du legst die Stichlänge manuell fest.
	Zickzackstich	Zum Verstärken von Nähten, Versäubern von Kanten, Nähen elastischer Nähte und Befestigen von Spitzeneinsätzen.
	Raupenstich	Zum Applizieren, für Lochstickerei und Kordonierarbeiten.
	Stretch-Dreifach-Zickzackstich	Elastischer Stich für dekorative Saumabschlüsse und Steppnähte.
	Drei-Step-Zickzackstich	Zum Aufnähen von Gummiband, zum Stopfen von Rissen, zum Aufsetzen von Flicken und für dekoratives Nähen.
	Wabenstich	Zierstich für elastische Stoffe und Säume. Wird auch verwendet, wenn Gummi als Unterfaden verwendet wird.
	Fagottstich	Zum Aneinandernähen von Stoffen und Vlies sowie zum Nähen von Zierstichen für Quilts bzw. von Hohlsäumen.
	Zierelastikstich	Verbindungsstich für Unterwäsche, Frottee, Leder und voluminöse Stoffe mit überlappenden Nähten.
	Hexenstich	Elastischer dekorativer Saum für elastische Stoffe.

STICH	BEZEICHNUNG	WOFÜR VERWENDE ICH DIESEN STICH
	Blindstich	Zum Nähen von Blindstichen auf unelastischen Stoffen.
	Elastischer Blindstich	Zum Nähen von Blindstichen auf elastischen Stoffen.
	Elastischer Jerseystich	Zum Nähen von Nähten auf elastischen Stoffen.
	Geschlossener Overlockstich	Zum Zusammennähen und gleichzeitigen Versäubern (elastischer Stoffe).
	Standard-Versäuberungsstich	Zum Zusammennähen und gleichzeitigen Versäubern elastischer Stoffe mit verstärkter Kante.
	Overlockstich	Zum Zusammennähen und gleichzeitigen Versäubern elastischer Stoffe.
	Knopfloch-Automatik	Zum automatischen Einnähen eines Knopfloches.

Tipp

Blindstiche verwendet man, um unsichtbar Säume zu nähen. Perfekt wird dies aber nur, wenn man das richitge Füßchen einsetzt (siehe S. 40).

Zeigt her eure Füßchen

Bei den Nähmaschinenfüßchen ist es wie beim Schuhe Kaufen. Einige sind einfach Standardausrüstung und gehören in jedes Nähkästchen. Sie sind wie die Lieblingssneakers und das schwarze Paar Pumps, mit denen man eigentlich schon für jede Situation gewappnet ist. Und dann gibt es da noch die Manolo Blahniks – die Fashion Pieces, die nur für diesen einen Stoff oder diese eine Naht passen und auf die du unfassbar stolz bist.

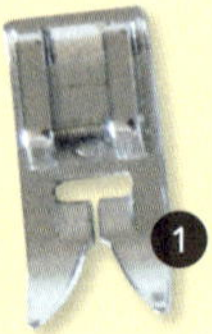

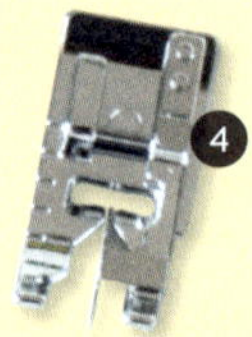

BASIC
Universalnähfuß (1)
Reißverschlussfüßchen (2)
Knopflochfüßchen (3)

FORTGESCHRITTENE
Teflon-Fuß
Nahtschatten-Füßchen (4)
Obertransportfuß (5)

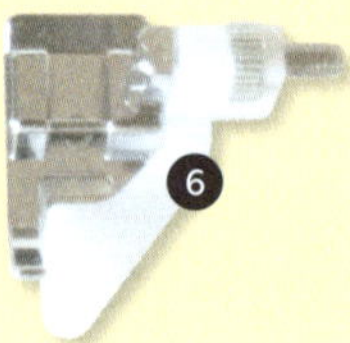

PROFIS
Blindstichfuß (6)
Rollsaumfuß
Biesenfuß
Kräuselfuß
Overlockfuß
Stopfplatte
Spezialfuß für Leder, Vinyl etc. (7)
Spezialfuß für nahtverdeckte Reißverschlüsse (8)

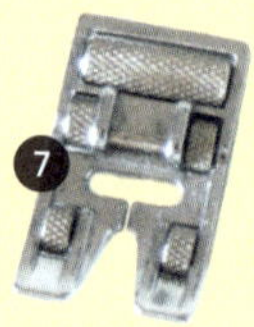

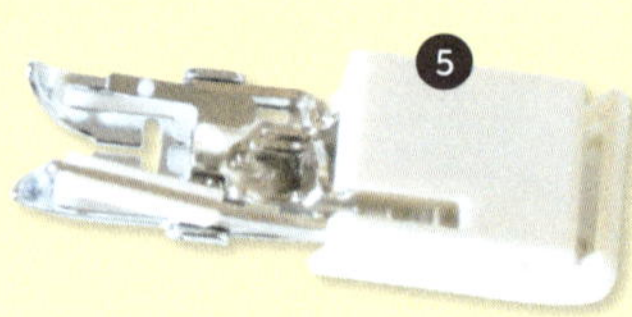

“

An meiner Nähmaschine wünsche ich mir nur noch eine Einfädelhilfe für den Geduldsfaden.

”

Einfach genial, genial einfach! #1

Beim Nähen ist alles möglich ..., solange der Unterfaden reicht. Diese kleinen Tipps und Tricks erleichtern dir deinen Nähalltag erheblich. Garantiert!

Wenn du den Oberfaden auch auf eine Unterfadenspule spulst und beide gleich voll spulen lässt, dann kannst du am Oberfaden erkennen, wie viel Unterfaden du noch zur Verfügung hast.

Bewahre Unterfadenspulen zusammen mit den farblich passenden Garnrollen auf, indem du sie aneinanderbindest. So hast du sie immer beisammen.

Damit sich der Stoff beim Anfang der Naht und eventuell auch am Ende nicht unter der Nähplatte versteckt, falte einen kleinen Stoffrest in der Mitte und lege ihn unter das Füßchen, dein Nähprojekt legst du passgenau an. Halte die Fäden hinten fest und nähe los. Das kannst du auch machen, wenn du sehr dicke Stoffe vernähst, somit verhinderst du, dass das Nähfüßchen nach hinten abkippt.

Gewöhne dir direkt an, Ordnung in deinem Stofflager zu halten. Ein Setzkasten, in dem du deine Stoffe oder Kurzwaren farblich sortierst, hilft dir nicht nur passendes Material rasch zu finden, sondern schmückt gleichzeitig auch dein Nähzimmer.

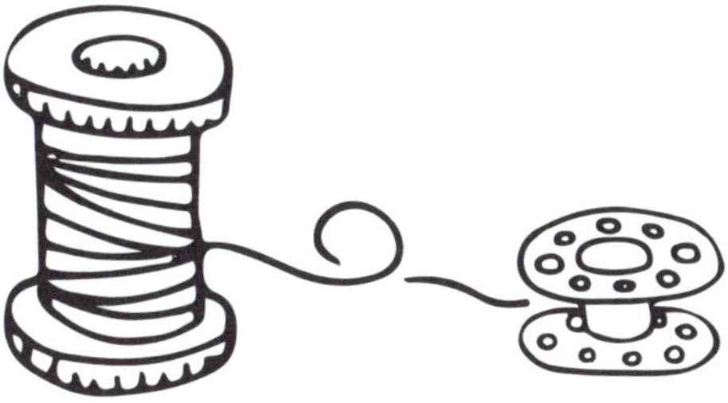

Der Stoff

“

... aus dem die Träume sind.

”

Der Stoffladen

Du betrittst das Stoffgeschäft, das Schneiderherz klopft und alle guten Vorsätze, nur das mitzunehmen, was du auch wirklich brauchst, sind in Nullkommanichts Makulatur. Das ist so und das wird auch immer so bleiben. Glaube mir, ich bin Profi! Beherzigst du folgende Tipps, lassen sich das Stoffsammelherz und der schlanke Geldbeutel gut unter einen Hut bringen.

REGELN BEIM STOFFKAUF

- Es ist wichtig, zuerst einmal alle Stoffe, die du siehst, anzufassen. Streichle über die Oberfläche, lass ihn durch deine Finger gleiten, drapiere ihn um dich herum. So siehst du gleich, wie dein Stoff fällt. Bald bekommst du ein Gefühl dafür, welcher Stoff für welches Projekt geeignet ist.

- Gehe erst als fortgeschrittene Näherin im Internet auf Stoffsuche! Nicht bei allen Anbietern im Netz kannst du Stoffproben bestellen. Du solltest genau wissen, welcher Stoff zu dir passt.

- Kauf nur Stoffe, bei denen du beim ersten Blick schon genau weißt, was du daraus machen könntest. Falls du hin und her überlegen musst, wozu und warum? Ist es die Farbe oder das Muster, lege ihn zurück und schau weiter!

- Am besten schreibst du dir eine Einkaufsliste: Wie viel Stoff brauche ich für das Projekt? Brauche ich auch Futterstoff?

Mit der Zeit ist dein Auge so geschult wie das einer Steinzeitlady auf Beerensuche! Und dein Vorrat wird sich bald in eine wunderbare Stoffwelt verwandeln.

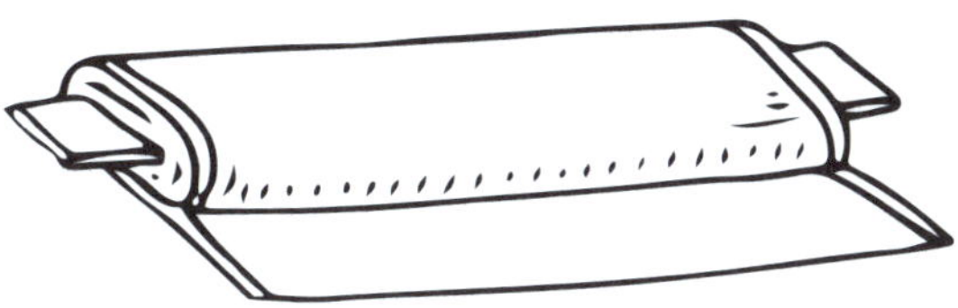

Tipp

Lass deinen Mann oder Freund zu Hause!

EINKAUFLISTE FÜR NÄHPROJEKTE:
Diese Listen findest du zum Download unter:
www.emf-verlag.de/sos-nhmaschine

STOFF

Projekt	Verwendung	Material	Menge	Farbwunsch
Bluse	Oberstoff	Viskose	1,5 x 1,2 m	Flieder
	Belege	Viskose	50 x 120 cm	blau

EINLAGEN

Projekt	Verwendung	Material	Menge	Farbwunsch
Bluse	Applikation	Vliesofix	50 x 90 cm	weiß
Tasche	Verstärkung	H630	90 x 90 cm	schwarz

KURZWAREN

Projekt	Kurzware	Größe	Menge	Farbwunsch
Bluse	Knöpfe	12 mm	8 Stück	blau

Extrem Tipp

DAS ETIKETTEN-1x1

Stoffe immer – und ich meine wirklich immer – vor der Verarbeitung waschen! Erstens sind schon mal ein paar Giftstoffe rausgewaschen, falls man nicht nur zur Biobaumwolle greift. Zweitens gehen manche Stoffe ganz unberechenbar ein. Es bleibt dir dann erspart, zu glauben, dass du in der Zeit des Nähens bis zum ersten Waschen gleich 3 Kilo zugelegt hast. Ist nicht so – liegt nicht an uns!

30 °C Buntwäsche

Nicht im Wäschetrockner trocknen

Handwäsche

Trocknen auf der Wäscheleine

Keine Handwäsche

Alle Bleicharten

Normales Trocknen

Nicht Bleichen

Troubleshooting – Was ist links und was ist rechts?

Zunächst einmal zur Beruhigung: Rechts ist, was gefällt! Es kann schon mal passieren, dass einem das Innere des Stoffes besser gefällt als die offizielle rechte Stoffseite. Das ist doch aber gar kein Problem, es weiß ja keiner außer dir, dass das eigentlich die „falsche" Seite ist, die da oben liegt. Die Seite hat keine Auswirkungen auf die Passform oder die Verarbeitungsweise des Stoffes. Und zudem kann Inside-out auch zum coolen Look gehören, oder?

Für alle Anfänger: Als rechte Stoffseite wird die „schöne" Stoffseite bezeichnet. Die linke Seite ist dementsprechend die Rückseite, die bei vielen Projekten innen oder unten versteckt oder mit einem Futterstoff abgedeckt wird.

Bei bestimmten Stoffen ist es jedoch ganz klar, welche Seite die rechte und welche die linke ist. Ganz einfach ist es z.B. bei Samt. Das Weiche, Samtige ist rechts. Auch bei bedruckten Baumwollstoffen erkennt man die rechte Seite daran, dass hier das Muster und die Farben besonders kräftig sind, während die linke Seite eher weiß ist, wo der Druck nur durchscheint.

Es gibt natürlich auch Stoffe, da sieht man mit dem bloßen Auge nicht, was links und was rechts ist. Dazu gibt es aber gottseidank auch eine kleine Hilfe: Bei allen gewebten Stoffen gibt es eine Stoffkante links und rechts in der Länge des Stoffes. Dort sieht man die Nadeleinstiche vom Webstuhl. Wenn man nun genau hinschaut, sieht man die Richtung, in die der Einstich verläuft (Eintritt – Austritt). Das kann man sich so vorstellen, wie wenn eine Pistolenkugel durch ein Buch geschossen wird. Der Eintritt ist die rechte Seite, der Austritt die Linke.

Wie verläuft der Fadenlauf?

Der Fadenlauf ist wirklich wichtig. Bei gewebten Stoffen gibt es den Kettfaden und den Schussfaden. Das kennen wir doch bestimmt alle von unseren Schulwebrahmen. Die Kettfäden sind vertikal gespannt, die Schussfäden verlaufen horizontal durch die Kettfäden. Der Fadenlauf verläuft immer parallel zum Kettfaden, also zur Webkante. Da gibt es keine Ausnahmen. Bei Jerseys und allen anderen gestrickten Stoffen läuft der Fadenlauf immer parallel zur Masche!

Stoff ist nicht gleich Stoff

Schwelge in Farben, Mustern, Materialien. Samt und Seide, Leinen, Baumwolle, Chiffon, Spitze, Glitter und Glamour, Leder und Kunstleder, Papier und Kork ... herrje, ich werde schon wieder ganz schwärmersich!

WEBSTOFF

Webstoff ist der Stoff4U. Im Volksmund nennt man ihn häufig simple Baumwollstoff, obwohl diese Bezeichnung nicht ganz korrekt ist. Dennoch weiß jeder gleich, was gemeint ist. Er ist für Näh-Anfänger bestens geeignet, da er sich unter der Nähmaschine sehr lieb zu dir verhält. Es gibt ihn in schier unendlichen Variationen, und wenn du ihn noch als Biobaumwolle kaufst, bist du bestens vorbereitet, ein wunderschönes, nachhaltiges Teilchen zu nähen. Das Material hat einen entscheidenden Vorteil für die Verarbeitung: Saumbrüche bleiben nach dem Umknicken und Bügeln schön in Form.

Baumwollstoff ist ein natürliches Produkt, das aus der Samenkapsel der Baumwollpflanze hergestellt wird. Er ist sehr hautsympathisch, strapazierfähig und nimmt gut Feuchtigkeit auf. Die wichtigsten Vertreter (unter der komplizierten Stoffauswahl) des Webstoffes sind: Denim, Cord, Frottee, Tweed, Chiffon, Krepp, Voile, Käseleinen, Batist und Gabardine.

Für Anfänger ist es sicherlich nicht nötig, alle Spezialbezeichnungen zu kennen. Am besten fasst du den Stoff an: Ist er vom Gewicht für dein Projekt richtig und gefallen dir Farbe und Muster? Dann hast du den Stoff für dich gefunden. Zu leichte Materialien wie Organza, Chiffon oder Batist machen dir den Anfang nicht leicht. Sie sind sehr zickig und wollen mit besonderer Sorgfalt unter die Nähmaschine gelegt werden.

Pflege

Je nach Zusammenstellung des Stoffes und nach Muster und Färbetechnik variiert die Pflegeanleitung. Am besten schaust du dir dazu das Etikett oder die kleinen Symbole an, die auf die Webkante des Stoffes gedruckt sind (siehe S. 51).

JERSEY

Jerseys bestehen ebenfalls aus Baumwolle. Es ist ein gestrickter oder gewirkter Trikotstoff. Es gibt ihn in verschiedensten Mischungen. Meist kommt er als Viskose- oder Baumwollmischung daher, manchmal darf sich auch Seide dazugesellen. Der Name stammt vermutlich von der bekannten Kanalinsel, der Insel Jersey. Dort schneiderte 1879 die Engländerin Langtry ein Kostüm aus Wolljersey. Den Durchbruch für das Material schufen die Kollektionen von Coco Chanel.

Extratipp

Jersey rollt sich gerne an den Rändern ein. Da kann man schon mal verzweifeln. Hierzu habe ich einen kleinen Extratipp. Formband am Rand entlang aufgbügeln. Es sorgt für Stabilität.

Tipp

Vor dem Waschen den Stoff mittig falten und ringsherum mit Zickzack- oder Overlock-Stich zunähen. So kann der Jersey sich nicht verziehen. Nach dem Trocknen einfach die Naht knapp abschneiden.

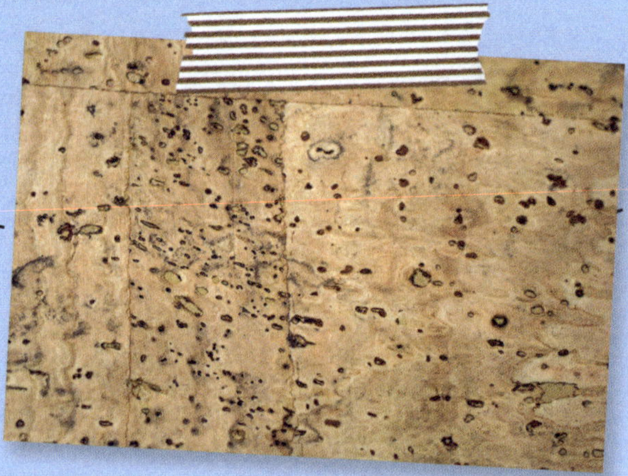

KORKSTOFF

Das Trendmaterial am Nähhimmel: Das Material wird in ganz dünne Schichten geschnitten und auf einen Trägerstoff aufgebracht, sodass man es wie Stoff wunderbar nähen kann. Egal ob Mode, Accessoires oder Taschen: Korkstoffe lassen sich einfach verarbeiten. Das Material franst nicht aus und verzieht sich nicht, fasst sich dafür aber warm, weich und samtig an. Beinahe wie Leder, nur eben vegan. Darum wird es auch Korkleder genannt. Als nachwachsender Rohstoff ist seine Verwendung nachhaltig, er ist vollständig biologisch abbaubar und recyclingfähig. Allergiker wissen Korkstoffe ebenfalls zu schätzen.

Der Stoff ist zwar ein bisschen teuer – für das edle Ergebnis und die Freude an deiner neuen Tasche lohnt sich die Investition allemal.

Pflege:
Das Perfekte an Taschen und Accessoires aus Korkstoff ist, dass sie die Eigenschaften des Naturmaterials haben: Sie fühlen sich toll an und Wassertropfen perlen einfach ab. Wenn deine Korktasche schmutzig geworden ist, kannst du sie feucht abwischen.

FILZ

Filz ist ein textiles Flächengebilde aus Haaren und Wollfasern. Es ist also eine nicht-gewebte Textilie. Mischen kann man die Schafwolle allerdings mit fast allen erdenklichen anderen Fasern. Filz ist wohl der älteste „Stoff" der Welt. Die ältesten, allerdings noch etwas unsicheren Hinweise auf die Filzherstellung wurden bei den Ausgrabungen der steinzeitlichen Stadt Çatal Hüyük in Zentralanatolien gefunden. Sie sind in die Zeit um 6000 v. Chr. einzuordnen.
Filz lässt sich superleicht verarbeiten, sieht aber auch immer etwas rustikal aus.
Auch Walkstoffe, also gewebte und anschließend verfilzte Stoffe, sind dankbar für Nähanfänger. Diese Materialien sind im Augenblick leider etwas unmodern und werden deshalb gerade von Korkstoff und SnapPap abgelöst.

Pflege:

Filz ist bei der Reinigung eher unproblematisch. Das im Wollfilz vorhandene Wollfett verhindert das schnelle Eindringen von Flüssigkeiten und Schmutz. Wollfilz hat somit quasi einen natürlichen Fleckenschutz. Er kann in der Waschmaschine (Wollwaschgang ohne Schleudern) mit Wollwaschmittel gewaschen werden, anschließend (wenn möglich) liegend trocknen und eventuell leicht dämpfen.
Achtung: Wollfilz geht beim Waschen etws ein (ca. 5–10 %)!

SNAPPAP

SnapPap, das neue Wundermaterial, hat viele Näh- und DIY-Fans im Sturm erobert. Ein waschbares Papier in Lederoptik, das sich super zum Nähen, Basteln und Kreativsein eignet. Es kann auf unzählige Arten gestaltet und individualisiert werden und ist 100 % vegan!

Vor dem Waschen fühlt sich SnapPap wie ein dicker Fotokarton an, danach hat es eine lederartige Oberfläche. Durch Zerknautschen wird die Lederoptik von SnapPap verstärkt. Wer also mag, kann es vor dem Verarbeiten waschen – es wird dadurch weicher und lässt sich leichter verarbeiten. Das Material lässt keine Fasern und verträgt auch hohe Temperaturen, im Trockner knittert es aber deutlich mehr. Wieder ganz glatt wird es, wenn du das feuchte SnapPap mit Dampf bügelst. Dies gilt auch für ungewaschenes SnapPap.

Pflege:
SnapPap kann in der Waschmaschine bei bis zu 60 °C gewaschen werden. Es wird empfohlen, es bei 40 °C und mit normalem Waschmittel (Pulver oder flüssig) ohne Weichspüler zu waschen.

Tipp

Um mehrere SnapPap-Lagen übereinander zu fixieren, eignen sich Clips besonders gut.

Wild gemustert!

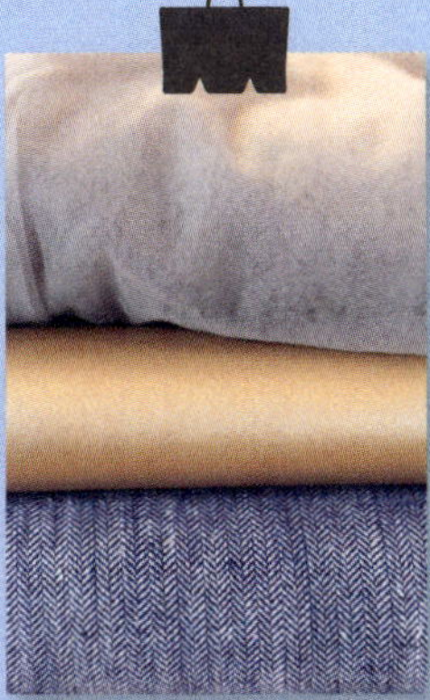

Gemischte Materialien

Ton in Ton

STOFFKOMBINATIONEN

Erlaubt ist, was gefällt. Manches ist natürlich untereinander schwer zu verarbeiten, sieht dafür aber spannend aus.
Darauf achten sollte man, was wie gewaschen werden kann. Aber auch das ist kein Hindernis für gewagte Kombinationen. Dann geht's halt in die Reinigung.

(R)Eingelegt – Verstärkung und Volumen für deinen Stoff

Gewebe- oder Bügeleinlagen sind den meisten Näherinnen bekannter durch den Markennamen „Vlieseline“ von Freudenberg. Sie geben Stoffen Halt und Form, manchmal unterstützen sie auch den Fall von besonders weichen Stoffen. Bei ihrer Verwendung sei aber auch Vorsicht geboten! Man kann den Stoff auch zu Tode einlegen und nimmt ihm so schnell seinen Charakter. Ich persönlich halte z.B. gar nichts davon, helle Stoffe zu verstärken, damit sie mehr Leuchtkraft bekommen.

Tipp

Liebe Anfängerin, versuche, nur so viel wie nötig und so wenig wie möglich mit Einlagen zu arbeiten. Erst wenn du mit den üblichen Stofflagen zurechtkommst, solltest du dich an steife oder voluminöse Schichten wagen.

Einlagen gibt es entsprechend ihrem Verwendungszweck in reichlich Varianten. Zum einen unterscheidet man zwischen solchen zum Einnähen und jenen zum Aufbügeln, zum anderen zwischen gewebten Einlagen, Vlieseinlagen und Volumenvliesen. Während gewebte Einlagen hauptsächlich in der hochwertigen Herrenschneiderkunst Verwendung finden, trifft man auf die anderen Einlageformen häufig auch als Anfänger.

Das Aufbügeln der Einlagen ist gar nicht so easy, wie man denkt. Die Temperatur des Bügeleisens, im besten Fall der Bügelpresse, muss exakt stimmen, genauso wie der gleichmäßige Druck. Ansonsten lösen sie sich schnell wieder, springen zusammen oder gehen beim Waschen ab. Also bitte immer sehr sorgfältig arbeiten.

Eine gängige Vlieseline ist H180. Sie ist eine sehr leichte und weiche Einlage zum Aufbügeln.
Diese Einlage wird bei trockener Hitze aufgebügelt, also Dampf aus! Sie hat zwei Seiten, die eine klebt und die andere nicht. Also Vorsicht. Die klebende Seite wird, klar, auf die linke Stoffseite gelegt und aufgebügelt. Am besten ohne Schieben, nur durch Auflegen. No worries: auch mir ist es schon passiert, dass das gute Teil am Bügeleisen hing und nicht auf dem Stoff klebte.

Tipp

Wenn das Bügeleisen doch einmal durch Klebereste der Bügelvliese verschmutzt ist, dann schnapp dir einen Schmutzradierer. Das weiche Schwämmchen rubbelt die Rückstände vom Eisen, ohne einen einzigen Kratzer zu hinterlassen!

Schnittmuster & Zuschnitt

“Ich habe heute schon Sport gemacht – oder wie nennt man das, wenn man auf den Knien herumrutscht, um Stoff zuzuschneiden?”

Schnittmuster übertragen

Viel, viel wichtiger als jeder gerade Stich sind der richtige Schnitt und das Zuschneiden. Denn eine falsche Naht ist relativ einfach wieder aufgetrennt. Hast du aber mal zu viel abgeschnitten, ist der ganze schöne Stoff in der Regel nur noch etwas für die Restekiste. Jetzt aber keine Angst! Zusammen schaffen wir das schon.

Hast du einmal das Prinzip verstanden, ist es dann auch egal, ob du einen Wintermantel überträgst oder ein Brotkörbchen.

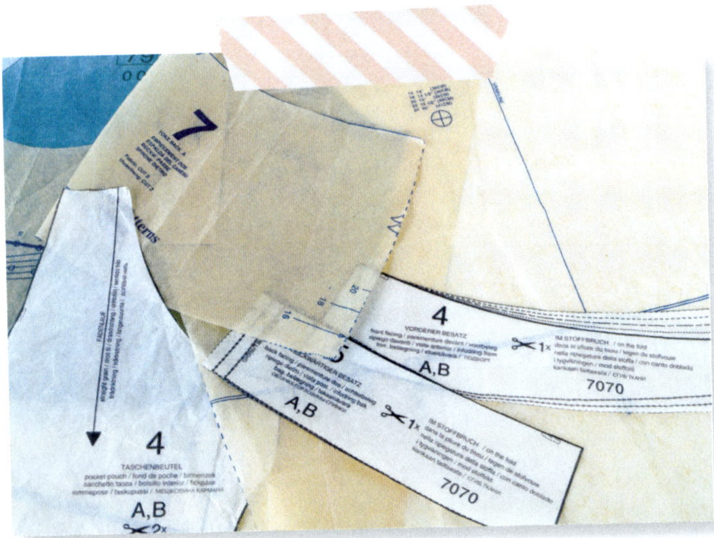

1) IST DAS ORIGINAL STARTBEREIT?

Wenn du nicht gerade einen Schnitt aus einer Zeitschrift oder aus dem Laden vor dir liegen hast, dann musst du dein Online-Schätzchen zunächst einmal downloaden. Je nach Lust und Laune heißt es dann, Schnittmuster ausdrucken (in den Druckeinstellungen „Tatsächliche Größe" wählen) und zusammenkleben oder zum Copy-Shop des Vertrauens gehen und das Teil in Originalgröße ausdrucken lassen.

2) ABPAUSEN IST DAS ZAUBERWORT

Das, was wir als Kinder schon zu Hauf gemacht haben, wird hier wahre Wirklichkeit. Das Einfachste der Welt. Wir legen ein durchscheinendes Papier (Schneiderseide, Kopierpapier, Butterbrot-/ Backpapier oder eine Malerfolie) auf die Vorlage und zeichnen das Schnittteil durch. Zum Fixieren des Pausmaterials eignen sich bei großen Projekten am besten Gewichte. Bei kleineren Vorlagen kann man das Kopierpapier auch gut mit Masking Tape befestigen. Das lässt sich rückstandslos auch von Papier abziehen.

3) GANZ WICHTIG: MARKIERUNGEN UND BESCHRIFTUNGEN NICHT VERGESSEN!

Zu ihnen gehören Fadenlauf, Umbruchlinien, Stoffbruch-Markierungen, Ansatzmarkierungen bzw. „Knipse" und Abnäher.

4) EINE FRAGE DER NAHTZUGABE

Danach muss gecheckt werden, ob im Schnitt Nahtzugabe bereits enthalten ist oder ob du diese noch ergänzen musst. Vor allem: Wo und wie viel Nahtzugaben solltest du ergänzen? Nähst du mit der Haushaltsnähmaschine, solltest du 1,0 cm Zugabe ergänzen, für die Overlock etwa 0,7 cm. Je nach Schnittmuster ergänzt man als Saumzugabe 2 bis 4 cm.

5) DER ERSTE SCHNITT

Und nun schneiden wir es mit der **PAPIERSCHERE**, du weißt warum, aus und schon haben wir ein fertiges Schnittteil.

6) NAMENSGEBUNG

Bei mehrteiligen Schnitten ist es sinnvoll, alle Teile mit Modellnamen und Schnittteilbezeichnung zu beschriften oder zu nummerieren. Auch hilfreich: Wie und wie oft soll das Schnittmuster zugeschnitten werden? Brauchst du es aus verschiedenen Materialien?

Checkliste Schnittmuster

- [ ] Hast du alle benötigten Schnittteile herauskopiert?
- [ ] Hast du alle Markierungen übertragen?
  - × Fadenlauf
  - × Passzeichnungen oder Knipse
- [ ] Hast du überall die Nahtzugabe dort ergänzt, wo sie notwendig ist? Oder ist sie ggf. bereits im Schnittmuster enthalten?
- [ ] Hast du ausreichend Stoff? Mach auch eine Legeprobe.

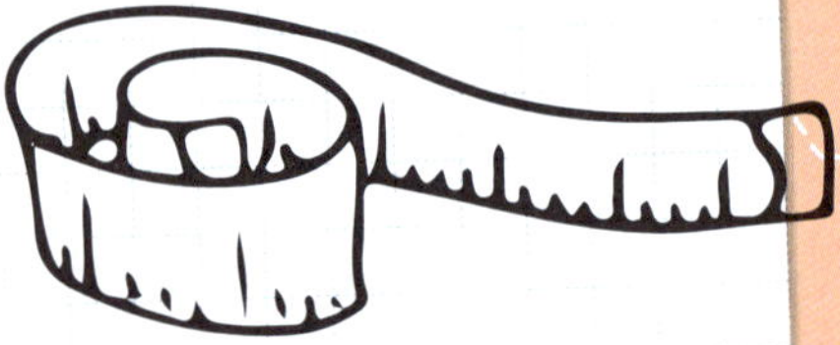

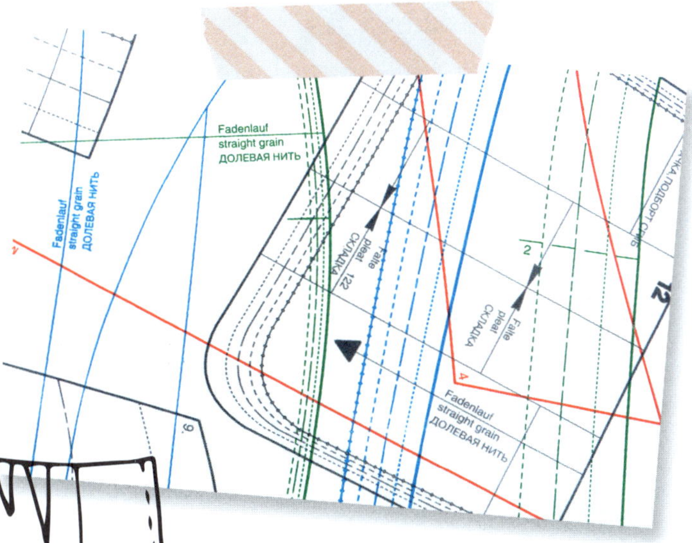

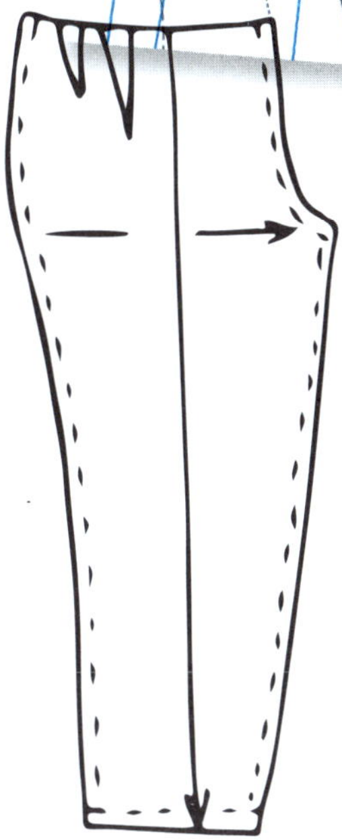

Tipp

Gib bei deinen Schnittteilen immer dieselbe Nahtzugabe zu. Dann kannst du an der Nähmaschine deine Kantenführung genauso einstellen und deine Schnittteile exakt zusammennähen.

Schnittmuster – manche bewahrt man gerne auf, andere bitte gleich in die Papiertonne

Ähnlich wie bei schönen Stoffen schaltet wohl auch bei schönen Schnittmustern unser Hirn in den Steinzeit-Modus um und wir bekommen den Befehl: „Sammeln!“. Damit du weiterhin den Überblick über diese kleinen kreativen Schätze behältst, rate ich dir, einige folgender Tipps zu beherzigen:

Wenn du deinen Schnitt öfter benutzen willst, dann übertrage ihn auf einen leichten Karton. So hast du eine stabile Vorlage anstelle eines windigen Kopiermusters.

Wenn du dir sicher bist, dass du dieses Teil nie wieder nähen willst, warum auch immer, dann schmeiß das Ding weg.

Falls du aber sehr froh darüber bist, diesen Schnitt zu besitzen, dann heb ihn auf und überlege dir eine für dich passende Art der Aufbewahrung:

Hänge deine Lieblingsschnitte auf festem Kartonpapier mit einem schönen Band als Deko in deiner Nähecke auf.

Ich persönlich bin kein Freund von Klarsichthüllen. Für manche ist das aber DIE Lösung. Die Vorteile: man sieht gleich, was drin ist, und man kann sie im DIN-A4-Format gut im Ordner oder im Stehsammler horten.

Bewahre die Schnitte in schönen großen Briefumschlägen auf. Diese kannst du auch aus Geschenkpapier selber machen. Ein Foto von deinem Werkstück vorne drauf et voilá!

Neben einem Ring-Ordner, den du im Übrigen mit Stoffresten bekleben und so aufhübschen könntest, kannst du deine Schnittmuster auch in Hängeregistern in einer schönen Schachtel lagern.

Der Zuschnitt aus Stoff

Trau dich ruhig, in den Stoff zu schneiden. Er schreit nicht und es tut ihm auch nicht weh! Du musst es sowieso tun! Um dir den ersten Schnitt leichter zu machen, vergegenwärtige dir folgende Schritte.

1) HAST DU GENÜGEND STOFF?
Wichtig ist zuerst, dass du genügend Stoff für dein Projekt hast.

2) BEREITE DEN STOFF VOR
Passt alles? Dann musst du deinen Stoff schön glatt bügeln (, weil er ja vorher gewaschen wurde).

3) ZEICHNEN UND SCHNEIDEN? DAS MACHST DU MIT LINKS!
Dann lege den Stoff rechts auf rechts. Das heißt: Die linke Stoffseite ist oben. Hier kommen wir wieder zum Thema linke und rechte Stoffseite (siehe S. 50). Prüfe bitte jetzt, ob du jedes Schnittteil auch zweimal benötigst. Manchmal ist das nicht der Fall. Dann legst du den Stoff natürlich nur einfach.

4) SCHNITTTEILE AUFLEGEN UND FESTSTECKEN
Hast du alles vorbereitet, dann gehen wir daran, die Schnittteile auf den Stoff zu legen und festzustecken. Hier ist das Allerallerwichtigste, den Fadenlauf einzuhalten. Also wie gelernt parallel zu Webkante auf den Stoff stecken.

5) ACTION!
Nun den Stoff entlang der Papierkante zuschneiden. Jetzt darfst du sehr gerne deine Stoffschere verwenden.

UUUUUUND FERTIG!! Das ist doch kein Hexenwerk, oder?

Auch wenn es schwerfällt, hebe das Teil beim Zuschneiden nicht an, sondern versuche die Schere möglichst flach am Boden durch den Stoff zu führen. Durch den Winkel beim Anheben verschieben sich die Stofflagen, elastische Stoffe dehnen sich vielleicht durch das Gewicht und schon passt nichts mehr aufeinander.

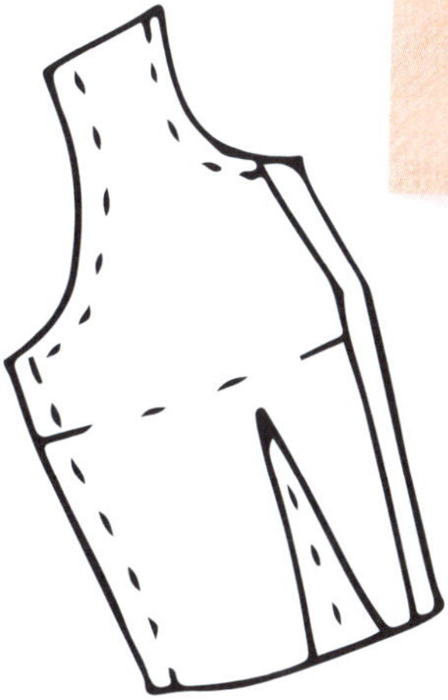

Wenn du viele rechteckige Teile zuschneiden musst, ist es häufig einfacher, nicht erst alle Schnittteile zu kopieren und aufzuzeichnen. Nimm dir stattdessen eine Schneidematte, einen Rollschneider und ein Patchwork-Lineal zu Hilfe und schneide die Stofflagen entsprechend der Maße zu. Vergiss hier die Nahtzugabe nicht und achte darauf, dass du das Lineal wirklich gerade auf den Stoff legst, damit dein Fadenlauf oder das Muster später nicht schief sitzen.

Sitzt, passt, wackelt und hat Luft!

Früher oder später ist der Zeitpunkt gekommen, an dem auch Anfänger sich an ihr erstes Kleidungsstück trauen. Damit es nach dem Nähakt keine Überraschungen bei der Passform gibt, solltest du folgende Punkte unbedingt beachten, bevor du die Schnittmuster auf den Stoff bringst! Schnittanpassung passiert nämlich auf dem Paper.

FERTIGMASS ODER KÖRPERMASS?

Wenn du dir deine Kleidung selbst nähst, solltest du dich nie darauf verlassen, dass deine Konfektionsgröße im Geschäft mit der auf der Schnittmusterverpackung übereinstimmt. Vergleiche auf jeden Fall die aufgedruckte Größentabelle mit deinen Körpermaßen. Dabei solltest du ganz genau darauf achten, ob es sich um eine Körpermaß- oder eine Fertigmaßtabelle handelt. Fertigmaße sind die tatsächlichen Maße des fertigen Kleidungsstücks inklusive Bewegungs- und Designzugaben. Am einfachsten überprüfst du solche Maße an gut sitzenden Kleidungsstücken aus deinem Kleiderschrank.

EINE FRAGE DER GRÖSSE

Liegst du zwischen zwei Größen, wähle zunächst lieber die größere und nimm dann ein paar Optimierungsmaßnahmen am Schnittmuster vor. Wegschneiden geht leichter als Dranzaubern.
Bei Oberteilen ist der Brustumfang, manchmal sogar der Oberbrustumfang das entscheidende Kriterium für die Gößenwahl. Bei Unterteilen in der Regel der Hüftumfang. Zusätzlich solltest du dir auch die Bein- oder Rocklänge angucken und hier ggf. noch korrigieren.

Tipp

Es ist noch kein Schneidermeister vom Himmel gefallen. Perfekt sitzende Kleidung zu nähen ist eine der größten Herausforderungen für alle Freunde der Nähmaschine. Nicht umsonst ist das Maßschneidern ein Ausbildungsberuf. Wenn es also nicht perfekt gelingt, dann denke dir: Perfekter als von der Stange und mit ganz viel Liebe!

Wo messe ich was?

Wichtig beim Ermitteln der eigenen Körpermaße ist, dass du möglichst das trägst, was du auch unter deiner Kleidung tragen würdest. Also rein in den Lieblings-BH und in die bequemste Unterwäsche! Außerdem solltest du auch darauf achten, wirklich deine Maße zu messen und nicht die, die auf dem Papier stehen. Die schmalste Stelle deiner Taille liegt vielleicht woanders als auf der Zeichnung, dein Hüftumfang ist nicht unbedingt an den Hüftknochen am stärksten. Lass dir beim Vermessen am besten von einer zweiten Person helfen.

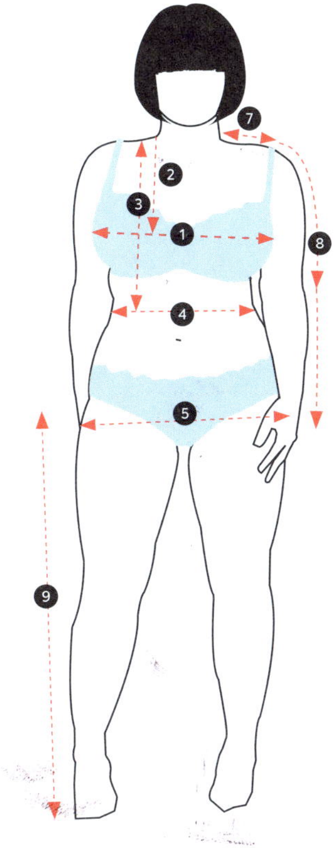

1. Brustumfang: Um die stärkste Stelle der Brust
2. Brusttiefe: Von der Schulter bis zur waagrechten Linie des Brustumfangs
3. Vordere Länge: Von der Schulter bis zur waagrechten Linie des Taillenumfangs
4. Taillenumfang: Um die schmalste Stelle der Taille
5. Hüftumfang: Um die stärkste Stelle im Hüftbereich
6. Rückenlänge: Entlang der Rückenwirbelsäule
7. Schulterbreite: Vom Halsansatz bis zur Schulterspitze
8. Armlänge: Von der Schulterspitze bis zum Handgelenk
9. Beinlänge: Von der Linie des Taillenumfangs bis zum Boden oder Fußgelenk

MEINE MASSE

Körperstelle	Messung am ________	Messung am ________	Messung am ________
Brustumfang			
Brusttiefe			
Vordere Länge			
Taillenumfang			
Hüftumfang			
Rückenlänge			
Schulterbreite			
Armlänge			
Beinlänge			

Tipp

Überprüfe regelmäßig, ob deine Messungen noch mit deinem Körper übereinstimmen.

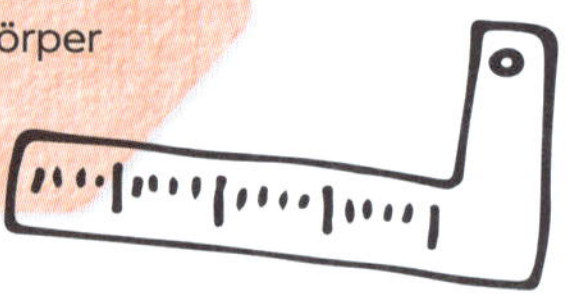

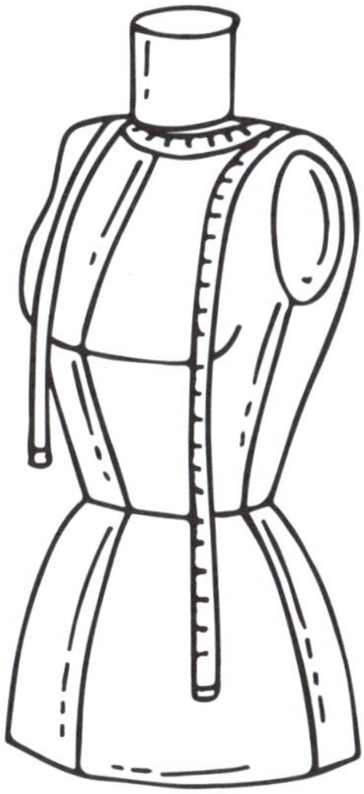

Tipp

Du tust dir leichter, die senkrechten Maße abzunehmen, wenn du die waagrechten Maße mit einem anderen Maßband oder einem Gummiband markierst.

MASSE VON ______________________________

Körperstelle	Messung am ____________	Messung am ____________	Messung am ____________
Brustumfang			
Brusttiefe			
Vordere Länge			
Taillenumfang			
Hüftumfang			
Rückenlänge			
Schulterbreite			
Armlänge			
Beinlänge			

Techniken

„Wer beim Nähen
keine Fehler macht,
der hat noch nie
etwas ausprobiert.“

Genial einfach – einfach genial! #2

Knoten machen ist eigentlich keine große Kunst. Befolgst du diese einfachen Tricks, hast du den Knoten in Zukunft garantiert im Faden und nicht in den Fingern:

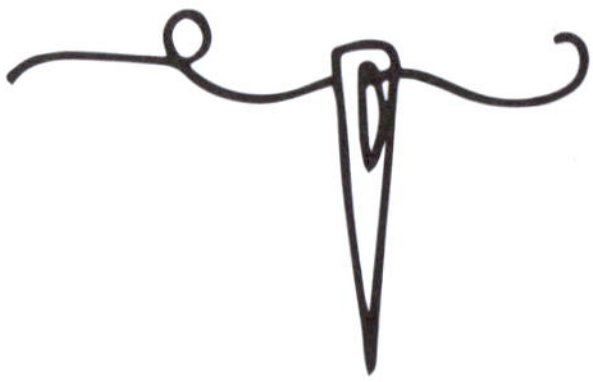

Statt knubbelige Knoten in deine Fädchen zu machen, kannst du zu Beginn deines Nähwerks den Faden auch „heften“. Das bedeutet, dass du den ersten Stich mehrmals in dieselben Löcher wiederholst.

Halte das lose Fadenende zwischen Daumen und Zeigefinger. Wickle den Faden mit deiner freien Hand einmal um den Zeigefinger. Es bildet sich eine Fadenschlaufe. Reibe die Fadenschlaufe mit deinem Daumen gegen deinen Zeigefinger und rolle sie so in Richtung deiner Fingerspitze. Lass sie dann vorsichtig herunterrutschen. Voilá ... mit etwas Übung hast du eine perfekte kleine Schlaufe, die du vorsichtig zum Knoten festziehen kannst.

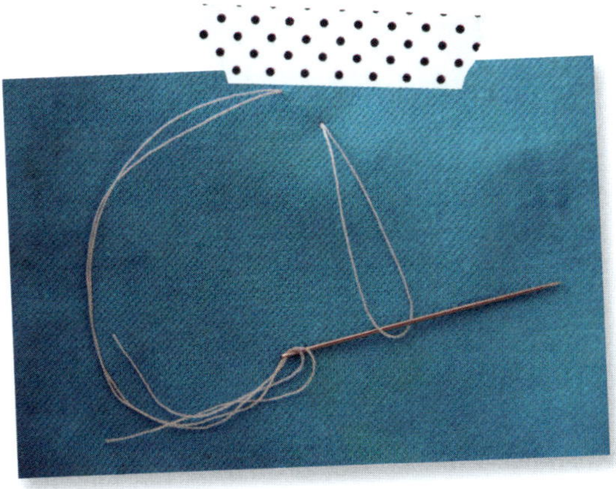

Mit Faden ohne Knoten Knöpfe annähen, das geht ganz einfach und sieht gut aus: Den Faden doppelt durch die Nähnadel ziehen. Dann durch den Stoff stechen wie bei einem Steppstich. Kurz vor dem Durchziehen die Nadel durch die Schlaufe ziehen. Und schon ist der Faden fest.

Knöpfe annähen

Es gibt Milliarden von unterschiedlichen Knöpfen – eins haben sie gemeinsam – man muss sie annähen.
Drei Varianten beschreibe ich hier kurz.
Was vorneweg für alle gilt: Man braucht Nadel und Faden und ein Knopfloch!!

Schneide für alle Techniken ein etwa 50cm langes Stück Faden ab. Führe den Faden in die Nähnadel und ziehe ihn zur Hälfte durch. Dann verknotest du beide Enden miteinander.

Tipp

Meine Oma hat immer gesagt: langes Fädchen – zu viele Knötchen! Halte den Faden lieber kürzer, damit er sich nicht mit sich selber verknotet.

ZWEI-LOCH-KNOPF

Wie es das Wort schon sagt: Dieser Knopf hat zwei Löcher, um ihn am Stoff zu befestigen.

Die Nadel nun von der rechten Seite durch den Stoff einstechen und den Faden ganz durchziehen.
Dann auf der Rückseite des Stoffes einen kleinen Steppstich machen und wieder nach oben stechen.
So ist der Knoten auf der Rückseite nicht zu sehen und auf der Vorderseite verschwindet er unter dem Knopf.
Mit der Nadel stichst du jetzt durch ein

Loch des Knopfes, den Faden durchziehen und von oben durch das zweite Loch stechen. Gleichzeitig mit der Nadel durch den Stoff nach unten stechen und in der Breite des Steppstiches wieder nach oben kommen.
Diesen Schritt drei bis viermal wiederholen. Beim letzten Mal nicht wieder nach unten stechen, sondern den Faden zwei- bis dreimal um den Knopf wickeln und einen Vernähstich bzw. einen Knoten machen.

Tipp

Den Mittelpunkt des Druckknopfes mit einem Markierstift auf beiden Teilen markieren. Dann verrutscht da nichts.

VIER-LOCH-KNÖPFE

Die bringst du ganz genauso an. Allerdings stichst du im Wechsel in die gegenüberliegenden Bohrungen ein.

DRUCKKNÖPFE

... gibt es aus Metall und Kunststoff in unterschiedlichen Größen. Mittlerweile gibt es auch Druckknöpfe in den unterschiedlichsten Formen und Farben, sodass man sie gerne auch gut sichtbar als witziges Accessoire tragen kann. Das Tollste an den neusten Erfindungen wie KamSnaps und Co. ist, dass du keine Knopflöcher nähen musst, sie werden bei den meisten Herstellern gleich mit speziellen Einschlagwerkzeug oder Universalzangen geliefert.

Druckknöpfe sind immer zweiteilig. Die eine Seite hat eine Nase, die andere hat eine Vertiefung, in welche die Nase genau eingeklickt werden kann. Seitlich hat der Druckknopf kleine Öffnungen, durch die der Faden geführt wird. Angenäht wird er im gleichen System wie ein Knopf. Durch jede der kleinen Öffnungen 3- bis 4-mal durchnähen. Du musst nur noch darauf achten, beide Teile auf der exakt gleichen Höhe anzunähen, und schon ist alles wunderbar verschließbar.

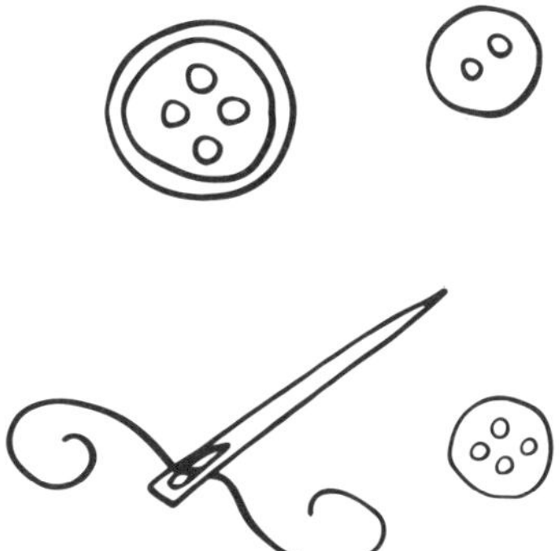

Tipp

Den Faden mit einem kleinen Tropfen klarem Nagellack fixieren.

Nahtzugaben

Ja, die Nahtzugabe – erst fügt man sie mühsam hinzu, sodass sie danach jedem im Weg ist. Damit nach dem Wenden oder Verstülpen alles schön aussieht und sich keine knubbeligen Nähte bilden, sollte man die Nahtzugaben zurückschneiden. Denn vor allem bei kleinen Werkstücken können diese unschön durchdrücken.

Am besten kürzt man die Nahtzugabe auf 3–4 mm. Aber bitte nicht aus Versehen die Naht aufschneiden.

Bei runden Nähten ist es wirklich sinnvoll, die Nahtzugaben einzuschneiden, damit sich beim Wenden die Naht perfekt in Form legen kann.
Dabei gilt natürlich auch, so nahe wie möglich an die Naht zu schneiden (bis ca. 2mm davor). Dazu nimmst du am besten deine kleine scharfe Schere.

Bei Innenrundungen: im rechten Winkel zur Naht einschneiden

Bei Außenrundungen: aus der Nahtzugabe kleine Dreiecke ausschneiden

Bei Außenecken: die Nahtzugabe zurückschneiden. Die restliche Nahtzugabe in rechten Winkel zur Naht falten und dann den Stoff wenden.

Bei Innenecken: wieder bis kurz vor die Naht einschneiden.

Tipp

Nicht vergessen: Alle Nähte vor dem Zurückschneiden und Wenden ausbügeln. Danach geht alles leichter – versprochen.

Kleines Fachgesimpel unter Schneiderinnen

Es klingt und sieht aus wie Deutsch, aber du verstehst kein Wort? Dann fehlen dir nur ein paar wichtige Fachvokabeln. Mit diesem Mini-Wörterbuch kannst du deine erste Nähanleitung ohne Kommunikationsprobleme durcharbeiten.

VERSTÜRZEN:
Zwei Schnittteile werden zusammengenäht und danach gewendet. Die Nahtzugaben verschwinden dann im Inneren des Projekts.

STOFFBRUCH:
Viele Schnittteile sind symmetrisch, daher ist meist nur der halbe Schnitt im Muster abgebildet. Die gerade Kante ist mit Stoffbruch bezeichnet. Wenn du den Stoff vor dem Zuschnitt längs faltest, also Webkante auf Webkante, erhältst du einen Falz auf der gegenüberliegenden Seite: den Stoffbruch. Die gerade Kante des Schnittes wird nun genau auf diesen Falz gesteckt. Der Stoffbruch entspricht immer dem Fadenlauf.

RECHTS AUF RECHTS/ LINKS AUF LINKS
Rechte und linke Stoffseite haben wir schon gelernt. Wenn davon gesprochen wird, Schnittteile rechts auf rechts zu legen, heißt das also, wir legen unsere rechten Stoffseiten aufeinander und nähen die Stofflagen auf diese Weise zusammen. Bei links auf links legen wir sie natürlich anders herum zusammen. Logisch, oder?

FADENLAUF:
Er ist auf den Schnittvorlagen immer eingezeichnet und muss eingehalten werden. Ansonsten verzieht sich das fertig genähte Teil spätestens nach dem ersten Waschgang. Es gibt übrigens auch einen schrägen Fadenlauf, der gerne bei Röcken verwendet wird, damit diese schön fallen. Er verläuft im 45°-Winkel zur Webkante.

FÜSSCHENBREIT STEPPEN:
Das heißt, dass die Nahtzugabe genauso breit wie das Nähfüßchen an der Nähmaschine ist. Die Kante des Nähfüßchens läuft entlang der Schnittkante.

ÜBER-/ UNTERTRITT:
So werden die Verschlusskanten bei Blusen, Jacken, Hosen und allem, was verschlossen werden soll, genannt. Der Untertritt ist unten offen. In ihm sitzt der Knopf. Der Übertritt liegt darüber

und beherbergt das Knopfloch. Übrigens: Damenbekleidungsstücke schließen immer von rechts nach links – bei den Herren von links nach rechts.

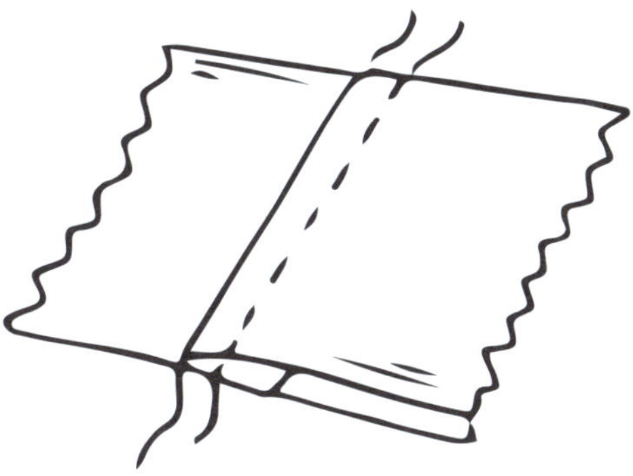

NAHT- UND SAUMZUGABE:
Als Nahtzugabe bezeichnet man die Gegend zwischen Naht und Schnittkante. Die Saumzugabe ist praktisch eine breite Nahtzugabe, bei der die Saumkante nach oben gebügelt und dann knapp an der Schnittkante entlang genäht wird.

VORDERE UND HINTERE MITTE:
Das ist die Mittellinie deines Schnittteils und gleichzeitig die Mitte deines Körpers. Häufig werden sie aus Platzgründen mit VM und HM abgekürzt.

Genial einfach, einfach genial! #3

„Wenn ich das nur früher gewusst hätte!" Dann hättest du dir viel Zeit, Nerven und abgebrochene Nadeln bzw. Fingernägel gespart? Jetzt weißt du ja Bescheid.

SCHIEBER AUF ENDLOSREISSVERSCHLÜSSE FÄDELN

Alles, was du brauchst, um einen Schieber auf einen Endlosreißverschluss zu fädeln, hast du garantiert zu Hause: Eine Gabel, ein Gewicht (z.B. ein Buch), einen Reißverschlussschieber und ein Reißverschlussband. Die Gabel mit dem Stiel an einem Tisch befestigen, indem du sie mit dem Gewicht beschwerst. Die Gabelzinken zeigen dabei nach unten. Nun den Schieber – die Rückseite nach oben zeigend – mit dem Loch auf eine der Zinken und so weit wie möglich nach oben schieben. Die gerade Seite des Schiebers zeigt dabei von dir weg. Jetzt hast du praktisch eine dritte Hand und kannst die Reißverschlussenden in beide Seiten des Schiebers einfädeln, durchziehen – fertig!

BACKPAPIER IM NÄHZIMMER

Backpapier zum Ausbügeln ist eine fantastische Lösung, um bei empfindlichen Stoffen Glanzstellen zu vermeiden. Auch um Schnitte durchzupausen, ist das Papier bestens geeignet.

SÄUMEN IM HANDUMDREHEN
Mit dem Handmaß kannst du alles Mögliche anfangen. Du kannst z.B. ganz einfach Säume umbügeln, indem du das Maß auf den Stoff legst und den Stoff darum bügelst. Aufpassen musst du nur noch, dass du nicht über das Maß bügelst. Es schmilzt sehr leicht.

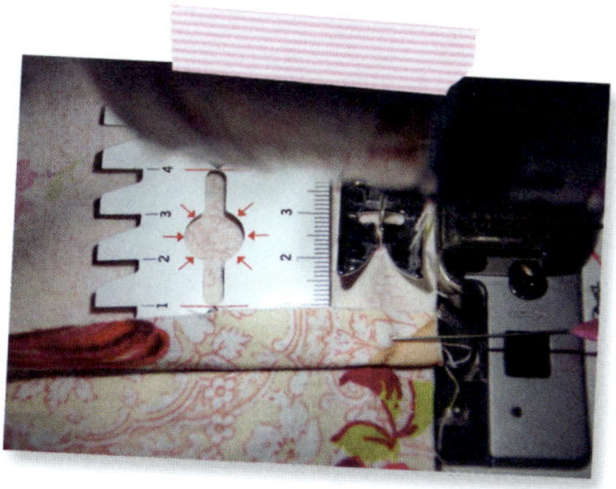

GABELFALTEN? FALTEN GABELN!
Falten legen geht super einfach, wenn man eine Gabel zur Hand hat. Diese in den Stoff schieben, einmal drehen und fertig ist die Falte.

KNOPFLOCHBREMSE
Beim Aufschneiden eines Knopflochs kann man schon gern mal über das Ziel hinausschießen, sprich hinaus schneiden. Besser ist es, bevor du dein Trennmesser in den Stoff stichst, beide Enden des Knopflochs mit einer Stecknadel zu sichern.

Projekte – Falten und nähen!

“ *Das ist nicht falsch genäht. Das sind Special Effects.* ”

Krims-Krams-Anhänger

5 MINUTEN

Geradeausnähen ist für viele Anfänger schon eine Herausforderung. Bei diesem einfachen Täschchen kannst du das einfach üben, üben, üben. Es ist so klein und schnell gemacht, dass du gleich eine Großproduktion starten kannst.

DU BRAUCHST:

- × 20 x 6cm SnapPap (gewaschen), Filz oder Korkstoff
- × Stecknadel zum Markieren
- × Stoff- oder Papierreste zum Verzieren
- × Stoffkleber
- × 1 Druckknopf zum Einknipsen mit der Zange (Prym)
- × 1 Karabinerhaken
- × 1 kleines Stückchen Band für den Haken

Tipp

Schneide das Rechteck aus SnapPap, Filz oder Korkstoff am besten mit einer Haushaltsschere aus, damit deine Stoffschere nicht abstumpft.

1

Lege den Stoffstreifen der Länge nach vor dich hin und falte es bei 7cm einmal von unten nach oben so, dass die linken Stoffseiten aufeinander gefaltet werden. Natürlich kannst du die Länge variieren. Ganz nach deinem Geschmack. Klappe und falte das oben überstehende Teil nun als Verschluss nach unten. Klappe es wieder auf. Die Falz sollte bei SnapPap gut zu sehen sein.

2

Jetzt zeichnest du dir mit Bleistift eine Markierung für den Druckknopf auf deinen Verschluss, klappst diesen wieder nach unten und stichst mit einer Stecknadel durch deine Markierung hindurch bis auf die zweite Lage deines Täschchens. Somit passen die beiden Knopfteile exakt aufeinander. Achte darauf, dass du nicht auch die Rückseite des Täschchens durchstichst.

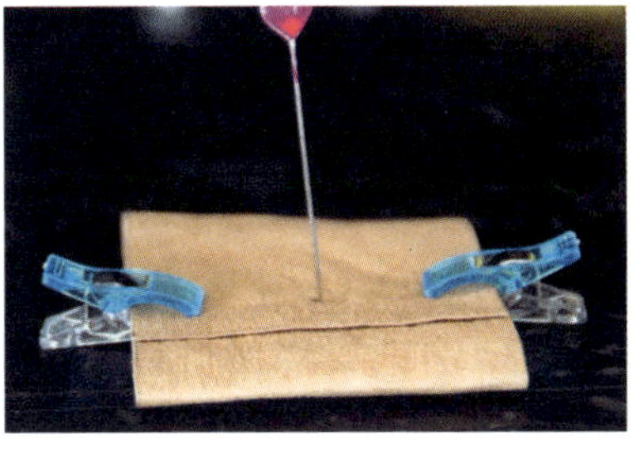

3

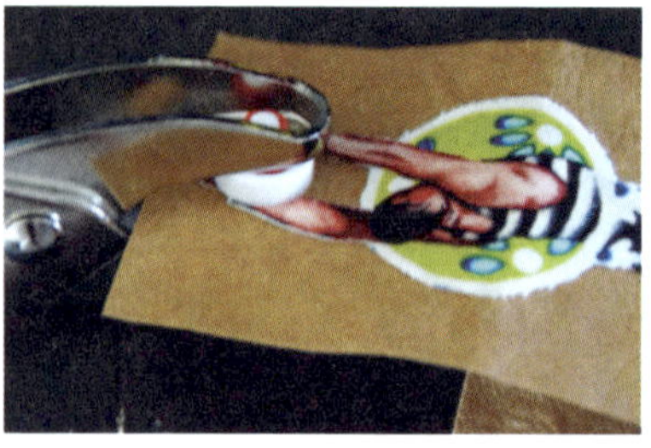

Wenn du das Papier bemalen oder bekleben willst, dann mache das jetzt. Ganz nach deinem Geschmack. Ich habe hier aus dem Stoff, den ich für die nächsten Projekte ebenfalls benutze, ein Motiv ausgeschnitten und klebe das mit Stoffkleber aufs SnapPap. Jetzt kannst du die Druckknöpfe anbringen. Das ist supereasy. Nur den Teil mit der Spitze durch das Papier drücken. Den Gegenpart dagegen legen und mit der Zange einmal zudrücken. Fertig!

4

Jetzt geht es ans Zusammennähen. Dazu das Unterteil mit Klammern (damit du keine Löcher in das Snap-Pap stichst), mit dem Rückteil fixieren. Nun ziehst du das Stückchen Band durch den Karabiner. Die beiden Band-enden legst du zwischen die eben zusammengeklammerten Stoffteile. Für den Anfang ist es am leichtesten, das Band unten an der Kante nach innen zu legen und mit einer Klammer zu fixieren. Nun füßchenbreit die linke und rechte Kante absteppen.

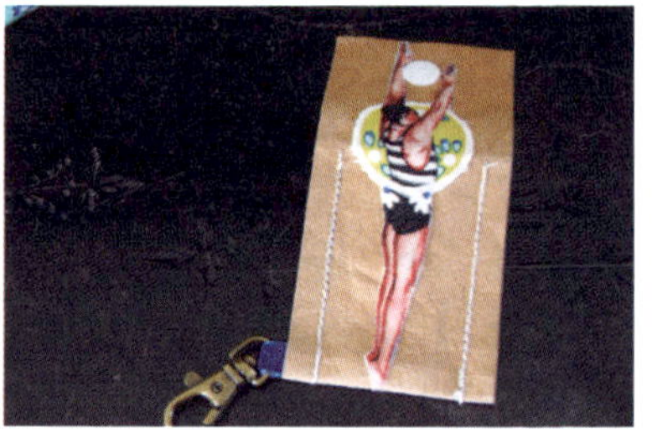

„Die Handtasche einer Frau ist der natürliche Lebensraum für viele wundervolle Sachen."

– Bruce Darnell

Kosmetik-Täschchen

20 MINUTEN

Dein Mini-Täschchen-Großproduktion soll in die nächste Runde gehen? Dann herzlich willkommen auf Level 2. Bei diesem Kosmetiktäschchen lernen wir, wie man verschiedene Materialien miteinander verbindet.

DU BRAUCHST:

- 40 x 11 cm Oberstoff
- 40 x 6 cm SnapPap
- 40 x 15 cm Vlieseline
- 1 Druckknopf
- Bänder und Borten zum Verzieren

Tipp

Je nachdem wie fest du dein Täschchen haben möchtest, kannst du es neben der Vlieseline zusätzlich noch mit Volumenvlies verstärken. Bei so kleinen Täschchen wie diesem hier, ist es aber nicht zwingend notwendig.

1

Die Vlieseline auf den Oberstoff aufbügeln. Das Schnittteil von Seite 100 abpausen und an der Teilungslinie auseinanderschneiden. Den oberen Teil auf Baumwollstoff legen und zuschneiden. An der Trennungslinie zwischen Ober- und Unterteil 1cm Nahtzugabe hinzufügen. Die Außenkante des Baumwollstoffes mit einem Zickzackstich versäubern.

2

Das untere Schnittteil auf SnapPap legen und zuschneiden. An der Teilungslinie wieder 1cm Nahtzugabe hinzufügen. Das untere Teil rechts auf rechts auf das obere legen, dabei darauf achten, dass die Schnittkanten genau aufeinanderliegen. Mit Stoffklammern fixieren und mit einem Geradstich entlang der Nahtzugabe zusammennähen. Anschließend ggf. die Nahtzugabe auseinander bügeln.

3

Als nächstes die Borte entlang der oberen Taschenkante festnähen. Dazu die Borte auf der rechten Stoffseite feststecken und knappkantig absteppen. Durch die Borte hat die Kante mehr Stabilität.

4

Die obere Kante umschlagen, sodass die Borte auf der linken Seite der Tasche ist und durch Bügeln fixieren.

5

Nun die Borte auf die rechte Seite der Kante stecken und knappkantig auf die Tasche steppen, sodass die Teilungsnaht darunter verschwindet. Als nächstes die Seitennaht schließen. Dazu die seitlichen Kanten rechts auf rechts feststecken und entlang der Nahtzugabe mit einem Geradstich zusammennähen. Anfang und Ende der Naht unbedingt verriegeln.

6

Den Boden schließen, dazu die Kante rechts auf rechts stecken und entlang der Nahtzugabe mit einem Geradstich absteppen. Zum Schluss werden die Ecken geschlossen. Dafür die Seitennaht auf die Bodennaht legen und entlang der Kante absteppen. Die Nahtzugabe zurückschneiden und die Tasche wenden. Den Druckknopf mittig an der oberen Kante gemäß der Packungsanleitung anbringen – Fertig!

FÜR FORTGESCHRITTENE:

Du kannst das Täschchen auch mit einem Innenfutter nähen. Dazu einfach das Schnittteil ohne Teilung auf deinen Futterstoff übertragen und das Täschchen zusammennähen. Anschließend das Innenfutter und das Täschchen rechts auf rechts ineinenander stecken und an der oberen Kante zusammennähen. Eine kleine Wendeöffnung lassen, das Täschchen wenden und die Wendeöffnung schließen.

Tipp

Beim vorliegenden Schnittteil ist bereits 1cm Nahtzugabe inbegriffen. Wenn du eine Tasche aus zwei Oberstoffen nähen möchtest, musst du die Nahtzugabe von 1cm an der Teilungsnaht von beiden Schnittteilen noch hinzufügen.

Origami-Tasche

30 MINUTEN

Dieses Modell einer Origami-Tasche stammt von Designerin Lola Nova. Die Market-Bag ist ein spannender Hingucker und aufgrund seiner wenigen Nähte wirklich einfach zu nähen. Da sie aus drei identischen Quadraten besteht, ist eine Größenanpassung relativ einfach. Du musst nur ein paar Regeln beachten.

DU BRAUCHST:

Baumwollstoff mit folgenden Maßen:

- 50 x 150 cm oder 46,7 x 140 cm oder 43,3 x 130 cm
- 10 x 18 cm Kunstleder, SnapPap oder Kork für den Griff

Tipp

Die ungeraden Millimeterangaben beim Außenstoff kommen daher, dass das Schnittteil in drei perfekte Quadrate aufgeteilt werden muss. Das heißt, dass die gegebene Stoffbreite bestimmt, wie lang der Stoffstreifen sein muss, nämlich ein Drittel der Stoffbreite.

1

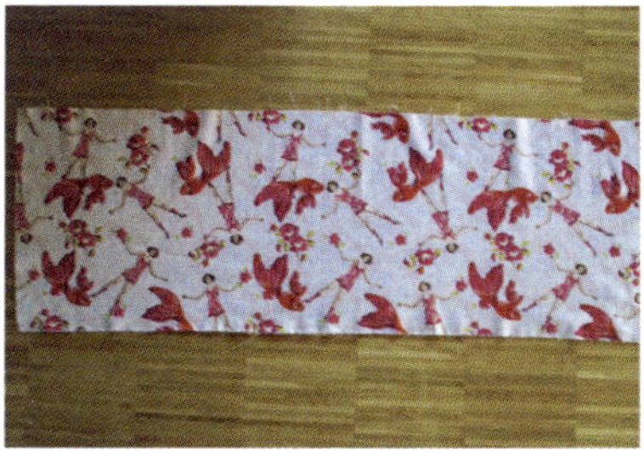

Lege den Stoff so vor dich hin, dass die linke Seite zu dir zeigt. Schlage die beiden kurzen Seiten des Stoffstreifens jeweils 2x 1cm ein, bügle die Kante und nähe sie knappkantig fest. Damit du dir bei den weiteren Faltvorgängen leichter tust, empfehle ich dir, den Stoffstreifen in drei identische Quadrate zu unterteilen, indem du entsprechende Faltkanten einbügelst.

2

Wende den Stoff nun so, dass die rechte Seite oben liegt und schlage die Ecken wie auf der Skizze dargestellt ein: Die linke obere Ecke faltet ihr diagonal auf die untere Kante des eigenen Quadrats. Die rechte untere Ecke faltet ihr genau gegengleich auf die obere Kante jenes Quadrats. Das hört sich alles ganz furchtbar kompliziert an – ist es aber nicht. Probiere es aus und du wirst sehen – ruckzuck wird dir alles ganz klar.

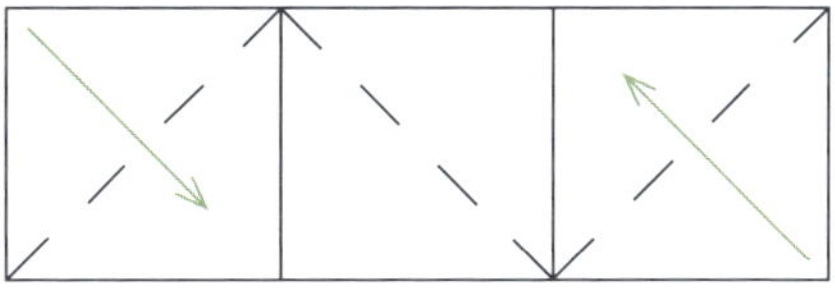

3

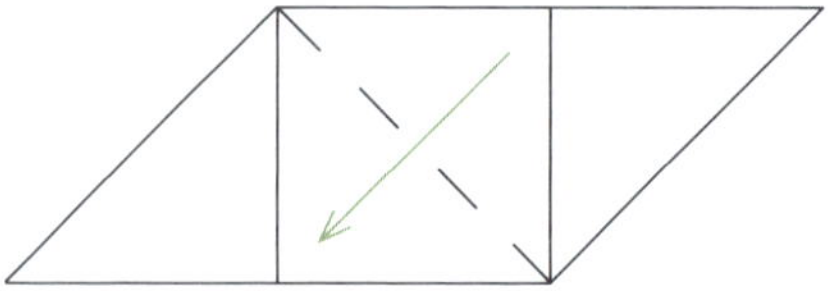

Jetzt kommt der besondere Kniff: Klappe die komplette rechte Hälfte an einer gedachten Diagonalen im mittleren Quadrat nach links unten. In der Skizze siehst du die gestrichelte Linie, an der du die rechte Spitze nach unten faltest.

4

Deine Tasche wurde nun zu einem Quadrat gedrittelt, bei dem aus der unteren Kante ein Dreieck herausgeschnitten wurde? So ist es richtig! Nähe nun die beiden diagonalen Nähte auf beiden Seiten der Tasche mit 2cm Nahtzugabe fest. Achte darauf, dass du nicht durch alle Lagen nähst, damit du die Tasche wenden kannst.

5

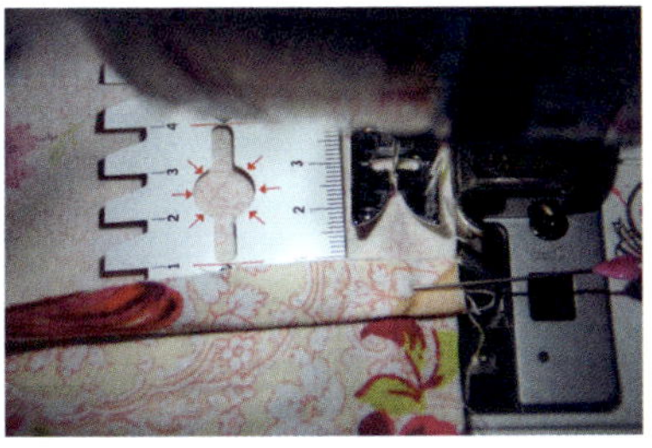

Versäubere die offenen Kanten und bügle die Nähte. Am besten geht das übrigens, wenn du dir ein Handmaß zur Hilfe nimmst. Mit ihm kannst du die Nahtzugabe exakt 1cm umschlagen.

6

Schlage nun auch die eben versäuberten Kanten 2x 1cm nach links, bügle sie und nähe sie knappkantig fest. Ende 3cm vor dem Spitz, an dem du auf die andere genähte Kante triffst. Anschließend nähst mit etwa 7cm Abstand die Ecke auf der linken Seite ab.

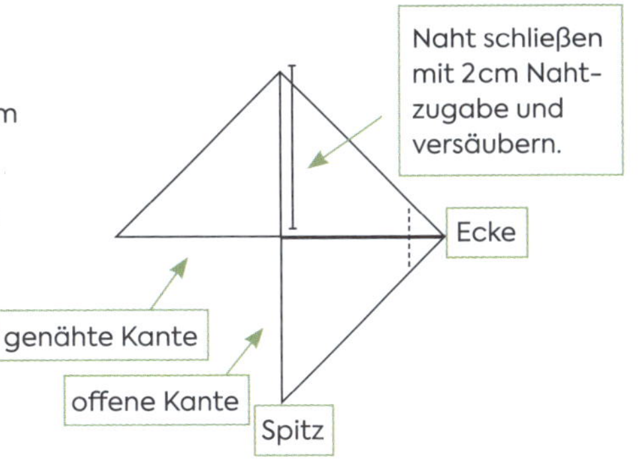

7

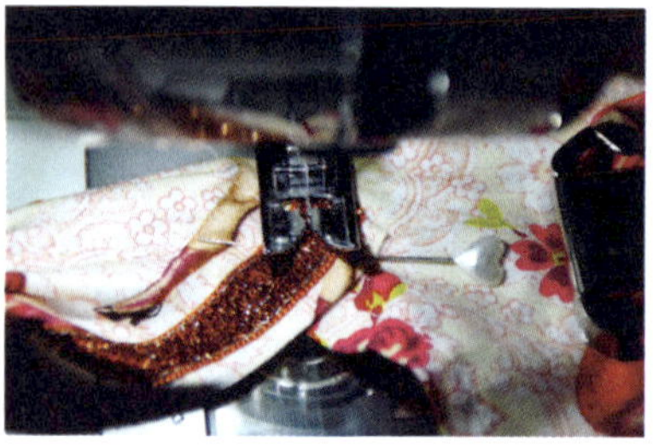

Wende die Tasche auf rechts. Wenn du magst, kannst du die Kanten nun noch mit ein paar Bändern und Borten verzieren. Fertige außerdem den Taschenhenkel, indem du bei dem dafür vorgesehen Stoffstreifen die kurzen Kanten 2x 1cm nach links einschlägst, bügelst und knappkantig festnähst. Klappe anschließend die langen Kanten rechts auf rechts aufeinander und nähe auch diese mit 1cm Nahtzugabe zusammen. Du hast nun einen Schlauch, den du auf rechts wendest.

8

Zum Schluss stülpst du den Schlauch über eine der beiden Zipfel, ziehst die Stoffspitze durch den Schlauch durch und nähst sie mit der anderen Spitze fest zusammen. Den Schlauch über die zusammengenähten Zipfel schieben und fertig ist der Taschengriff.

“

Ich habe heute schon Sport gemacht – oder wie nennt man das, wenn man auf den Knien herumrutscht, um Stoff zuzuschneiden?

”

Ein paar letzte Tipps

Hab keine Angst, dass etwas schief gehen kann. Das wird es bestimmt einmal. Aber wir operieren nicht am offenen Herzen, sondern nähen für uns kleine, liebevolle Sächelchen. Wenn's nix wird – dann wird's halt mal nix. Dafür wissen wir aber fürs nächste Mal, wie wir es nicht machen – und das zu wissen, ist schon richtig viel!

Ja, es langweilt, die Bedienungsanleitung deiner Maschine zu lesen. Wenn du sie beim Fachhändler kaufst, erklärt er dir die wichtigsten Dinge bei einem Tässchen Kaffee und einem netten Gespräch. Oder du lässt dir alles von einer Freundin erzählen, die schon nähen kann. Das ist auf jeden Fall inspirierender als eine öde Betriebsanleitung und bleibt dir sicher besser im Kopf. Aber erklären lassen musst du es dir in jedem Fall.

Feel free to do whatever you want – it will be great!!

Flöße jedem Projekt dein Leben ein. Wenn du unterschiedliche Knöpfe liebst, dann mache sie dran. Wenn du Glitzer kombiniert mit Wollkaro magst, dann kombiniere das so. Das ist deine Leidenschaft und deine Persönlichkeit in jedem Projekt!

Mein Motto: Alles ist möglich – Plan-B-Motto: Egal, ich lass das jetzt so!

Über die Autorin

Das Shirt zu lang, die Hose an den Beinen zu weit ... schon als Teenie habe ich mich kurzer Hand an die Nähmaschine meiner Mama gesetzt und einfach drauflosgenäht. Ich hatte keine Angst davor, dass irgendetwas schiefgehen könnte. Ich habe einfach ein passendes T-Shirt auf eines gelegt, das zu groß war, um jenes herum geschnitten und es wieder zusammen genäht – fertig!

Mir war schon immer klar, dass ich nichts anderes werden möchte als Schneiderin. Höchstens noch Modedesignerin! Und so kam es schließlich auch: Nach meinem Studium zur Modedesignerin und Schnitttechnikerin habe ich jahrelang in der Modebranche gearbeitet, bis ich schließlich als Kostümbildnerin ans Theater gewechselt habe. Kostüme aus sämtlichen Epochen zu entwerfen und zu nähen, ist einer der schönsten Jobs der Welt.

Den Drang zwischendurch einfach „drumherum zu schneiden und wieder zusammenzunähen" habe ich trotz meines Studiums nie ganz verloren. „Quick & Dirty" zum nächsten tollen Outfit, aus zwei mach eins, aus Sweatshirts Taschen, aus alten Jeans eine Jacke und so weiter und so weiter ...

Neben meiner Tätigkeit als Kostümbildnerin betreibe ich selbst ein kleines Theater, an dem ich auch Regie führe. Zusammen mit meinen Zwillingen lebe ich in Baden-Württemberg in der Nähe von Ulm.

Ein kleines Dankeschön

Ein großes Dankeschön geht an **EVA UITZ** vom Stoffgeschäft „Kleiner Stern" in Heidenheim an der Brenz für die liebe Bereitstellung der Stoffe.

Danke an meine Söhne **JONAS UND HANNES**, die immer wieder gesagt haben: Schreib es besser so oder so. Sorum kapiert das doch keiner ...

An **HUBERTUS RÖSCH** für die Fotos und an **MICHA SCHANG**, der mir im Kunstwerk Braighausen Platz gibt, um dort Theater zu machen und meine Schneiderei zu führen.

Und natürlich an meine Freundinnen, **SYLVIA, HEIKE** und **BIGGI** die mir immer zur Seite stehen.

Impressum

Bibliografische Information der Deutschen Bibliothek.

Die Deutsche Bibliothek verzeichnet diese Publikation in der Deutschen Nationalbibliografie. Detaillierte bibliografische Daten sind im Internet über http://www.dnb.de/ abrufbar.

EIN BUCH DER EDITION MICHAEL FISCHER

1. Auflage 2018

Covergestaltung: Rebecca Leiner
Fotos: Sonja Fritz und Hubertus Rösch, außer: S. 2–3: Africa Studio/Shutterstock.com, S. 10: Anna Kuhmar/Shutterstock.com, S. 16, 42, 44: Saskia Wedhorn, S. 32: Selmin Ermis-Krohs, S. 43: udomsap sukanjana/Shutterstock.com, S. 54–57, 61: Vipasana Roy, S. 58: pinot-noir/Shutterstock.com, S. 59: Tom Gowanlock/Shutterstock.com, S. 69: Blanca Popp, S. 85: Claudia Günther
Illustrationen: S. 26: Sonja Fritz, S. 38: Anna-Maria Köperl, alle übrigen: My Life Grafik/Shutterstock.com, Crazy nook/Shutterstock.com, uniyok/Shutterstock.com, Natasha Pankina/Shutterstock.com, Berezka_Klo/Shutterstock.com. Ola_view/Shutterstock.com
Redaktion und Lektorat: Saskia Wedhorn
Layout: Rebecca Leiner, Anna-Maria Köperl
Satz: Anna-Maria Köperl

ISBN 978-3-86355-854-3

Gedruckt bei Polygraf Print, Čapajevova 44, 08001 Prešov, Slowakei

www.emf-verlag.de